授業をグーンと楽しくする英語教材シリーズ **45**

文法＆スピーキングの
基礎力をつける! 英語
ダイアローグ・
トレーニング
105

杣田淳司 著

明治図書

まえがき

　「文法を教えるのがやっとで，なかなか会話練習をする時間がない。」「複雑で難解な文法は会話の中で用いにくい。」と，留学経験もなく，会話する力にも自信がなく，文法や「読み・書き」を中心とした30年以上も前の「受験英語」を通過して英語教師になった私は，自分にこのような言い訳をしていました。しかし，英語の授業でつけるべき学力に対する見方は時代とともに変化し，文法や「読み・書き」の教え込みだけでは不十分であることにすぐ直面することになりました。また，近年では，小学校にも外国語活動・外国語科が導入され，中学校の英語教育にも更なる工夫とその成果が求められる時代ともなっています。私は，これまでのインプット中心と言われる授業を全て否定するつもりはなく，基礎・基本の定着には地道な反復も必要不可欠だと思っています。よって，その要素と今求められているものを融合することによって，単なる活動の合理化としてではなく，生徒たちに知識・理解と表現の両面からアプローチする教材として，本書のようなダイアローグによる活動を考えました。

　―文法を定着させるためのトレーニングと会話に慣れさせる学習活動を一体化させる。―

　これが私の提案する実践の１つであり，本書のコンセプトでもあります。基礎となる語句や文法など，反復を含めた地道なトレーニングの成果としての「礎」が土台として培われてこそ，その中で自分の言いたいことや自分に必要とされることを表現でき，相手の話す内容を理解できるはずです。そのトレーニングと「話すこと［やり取り］」に慣れることの両立を目指した活動として考えたものです。

　中学校英語教育において，生徒たちが互いに情報や考えを伝え合うこと（やり取り）ができるようになることが求められる中，私たち英語教師は，子どもたちにその力や習慣をつけるため，何から手をつければよいのか悩み，教材研究や授業実践にプレッシャーを感じ，膨大な時間を費やしてしまうことがあります。実際，私自身も研究推進校や，いわゆる先進校等での研究発表会に参加させていただき，授業者の先生から与えられたその日のトピックについて，生徒同士が自分の考えを英語で伝え合っている授業を何度か拝見し，大変刺激を受けました。「さあ，それでは自分も同じような授業に挑戦しよう」とした時，実際の生徒の様子を見てみると，自由に話す活動が「本当に実現可能か」「学力の定着に結びついているのか」といった不安とともにいくつかの疑問も生じてきました。具体的には次のようなものが挙げられます。

・既習事項の定着が不十分な生徒がどこまで既習表現を駆使したやり取りを行えるのか。
・学力の差がある中で会話させた時，どれだけ互いの達成感につながっているのか。
・自分が話している英語が正しいかどうかという不安を持つ生徒はいないのか。
・生徒たちは自分のことを相手（友人）に本当に伝えたいと思っているのか。
・生徒たちは相手（友人）のことで，それについて本当に聞きたいと思っているのか。

　授業で行う全ての活動が，生徒たちにとってできる限り満足感・達成感・成就感などを得られるように…と願った時，英語を苦手とする生徒たちが，活動ごとに毎回同じようなシンプルな表現だけですませていたり，学力の差から本当は互いに伝わっていなかったり，自分の英語が正しいかどうかが曖昧なまま活動を終えてしまっていたりする状態に陥らないだろうか。また，普段共に過ごし，互いのことを知る友人に "What sport do you like?" "Do you have any pets?" などとたずねることに違和感はないのだろうか。そのように考えた時，もし自分が不安に思っているようなことが生徒たちの学習の中で少なからず感じられているようであれば，このようなやり取りに対して「主体的」となるにはほど遠いように感じてしまったのです。

　外国の学校との交流や，交換留学生，外国人講師の来校時など，「本当に知りたい」「本当に伝えたい」などの目的意識があれば，既習の表現を駆使しながら英語でやり取りする活動は確かに有効です。しかし，そこに至る前に，生徒同士が日常の授業の中で互いにやり取りし，できる限り多くの生徒がその活動を通して「できた。」「伝え合えた。」「今日勉強した文法や表現方法は役に立つ。」といった思いを持たせるため，その時間もしくはその単元で学習目標となる言語材料を用いたダイアローグを全単元で作成することにしました。そのことによって，どの学力の生徒もその時間ごとに目標とする言語材料を使ったやり取りを体験でき，英語を言葉（コミュニケーションツール）として再認識し，その日その単元で学習している言語材料の価値（学習の意義）に触れ，今後，別の場面において自由にやり取りする際に役立てる（活用する）ことのできるものとして段階的に蓄積していけるはずだと考えました。

　生徒に対して「習った表現だから使えるはずだ」と一気に話すことを求めるのでなく，そこに近づくための中間ステップとしての活動として位置づけるためのダイアローグは，独自の活動ルールを設定することによって，授業の内容や生徒の活動を活気づけ，英語を使うことに着実に慣れさせていけるものと確信しています。生徒の意欲を短期的にも長期的にも持続させるため，相手意識・目的意識・有用性・即興性・リアリティといった要素をできる限り含んだ場面設定のあるダイアローグを工夫しているつもりです。また，新学習指導要領で新しく追加された「現在完了進行形」および「仮定法」を含めた中学校で学習するほぼ全ての言語材料において複数のダイアローグを作成したものとなっています。ダイアローグには，教師側から与えた枠組みや選択肢などを含みますが，そのことによって教師側が意図した表現方法や言語材料を必ず用いることにもなり，どの学力の生徒にとってもその子なりの成功体験や問題意識を感じることのできる実効性のある方法の1つと考えています。

　本書が，段階的に生徒が英語を使いながら成長していくための授業づくり，その時ごとに学習する言語材料に親しみを持たせるためのアクティビティやトレーニングを行う際のヒントとしていただくものとなれば幸いです。

2020年5月

杣田淳司

3

本書の特長と使い方

1 本書の特長

　本書には，105の言語材料に合わせたダイアローグ・トレーニングができるワークシートを掲載している。中学校１年から３年までで覚えたいほぼ全ての言語材料を網羅している。

2 本書の使い方（指導手順）

❶教科書等で新しい言語材料の導入をする。

❷ワークシートを配付し，タイトルと言語材料の下に書かれた場面設定の説明をする。（Ⓐ）

❸ダイアローグを１文ずつ見たり読んだりしながら会話の内容や流れを把握させる。

❹生徒に自分はどの部分でどのようなことを話すのかイメージさせる。

　→大部分のものはダイアローグの上（場面設定した文のすぐ下）に，あらかじめ対話の準備をするための枠が設けられているので，そこに記入させる。（Ⓑ）（ただし，記入する部分が文全体を表現したり，既習語句を駆使したりしなくてはならない場合は，班活動等で教え合うことも有効。その場合は，あとの会話活動で同じ班員と行わない配慮も必要。）

❺活動（会話）の目的を伝える。

　→何を目指して話すのか，どうすれば高得点を得られるかなどのルールを知らせる。

❻活動方法を伝えてスタート。下の枠（Ⓒ）に結果を記入しながら進めていくものが大部分。活動方法は主に次のパターン。

- ・教室を自由に歩き回って話し相手を見つける。（少しでも多くの相手と話させる場合。）
- ・座席でペアを決めて，両方の役割を終えたら，一斉に縦横どちらかの列をスライドさせてペアを変える。（全員に同じ回数だけ会話させる場合。）
- ・３人１組もしくは４人１組を作る。（時間を計らせる場合や会話を評価させる場合。）

❼活動終了の指示をし，活動（の結果）をふり返らせる。（Ⓒ）

- ・得点を計算させる。または，自分の会話に対する評価やふり返りをさせる。
  （中には，印象に残ったことを，その言語材料を用いて表現させるものもある。）
- ・得点を競う活動では，高得点の生徒にはスタンプやシールなどを与える。
- ・数名を指名しながら教師とダイアローグの対話をさせて達成度を確かめることも有効。

❽必要に応じて名前を記入させ，提出させる。

➡ Chapter3
p.70

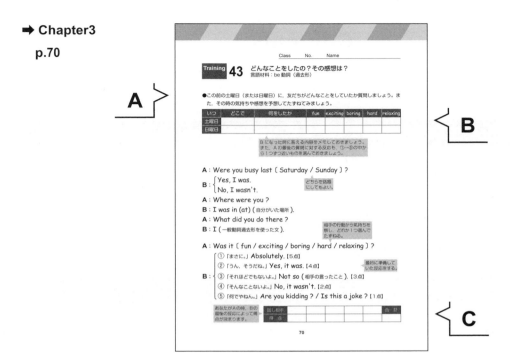

3 所要時間

　所要時間は❷から❺までで５分～10分。（❹の時に班活動をするならば，更に５分程度必要。）

　実際の会話させる❻も会話の長さによるが，５分～10分。❼から❽は２分～５分。よって，ワークシート配付から提出もしくは終了まで，20分前後と考えればよい。❶から❽までを読んでいくとかなり複雑にも思えるが，実際やってみるとそうでもない。また同時に，このような活動をくり返し行うことで，生徒たちもそのダイアローグの意図やルールの掌握に慣れてくるため，さほど説明は必要なくなってくる。ALT 来校時にも用いることがあり，その時は ALT も活動に参加するが，ルール説明などを英語で行ってもらうと，私たち日本人教師も「このように言えばいいのか…」など，英語での説明の仕方の幅を広げることもできる。

　また，扱うダイアローグの難易度と学習者の実態に応じて，ワークシートを見ずに対話させるような指導を組み入れていくことも重要である。いきなり「ワークシートを見ずに対話しよう。」ではなく，時間もしくは会話する人数で区切って，「今からはワークシートを見ないで対話しよう。」などとする。ただし，黒板やテレビ画面などには，「○○についてたずねる。」など，会話の流れを日本語で書いておくてだてが，英語が苦手な生徒も活動に挑みやすくすることにつながる。このダイアローグ集は，「英語を苦手とする生徒でも［やり取り］の活動を行える」がコンセプトの１つであり，自由に対話する時の手がかりや自信へと結びつくことを期待するためのものである。

Contents

Chapter3　中学2年のダイアローグ・トレーニング

Chapter4　中学3年のダイアローグ・トレーニング

Chapter 1

英語で話す力を
鍛える！
ダイアローグ・
トレーニング

1 「話すこと［やり取り］」の重要性

実践的なコミュニケーションにつなげるための対話活動

　急速なグローバル化や人工知能の進化など，著しい社会の情勢や価値観の変化の中で，外国語科（英語科）が果たすべき，そして期待される役割はより重大なものとなりつつある。それは，単なる外国語（以下「英語」）に関する知識を習得するにとどまらず，それらを実際場面で使う「ことば」として認識しながら有用性のあるものとして使用できるようになること，そして，他の文化や考え方を持つ他の人や社会と積極的に関わろうとする態度や人間性を養うこと全てに強く関わるものである。

　以前からも，日常の授業において，教師と生徒または生徒同士による「英語でのやり取り」の機会が設けられており，授業の活性化や習得した英語を実際にやり取りする経験を味わうなど，一定の成果も見られるように思われる。しかし，その場面設定の仕方や対話（dialog）の内容によっては，「日本語ではそんな会話は絶対にしない」「何のためにその対話をするのか」などという思いが生じる，言わば，その会話自体に意味や目的を持ちにくいことから，指導者側も学習者側も対話活動のモチベーションを高められていないことなどが課題となっているケースも少なくない。

　また，中学校においては，高校入試等への対応などが背景となり，コミュニケーションを図ろうとする態度を育成しつつある小学校での実践とは裏腹に，依然として文法・語彙等の知識がどれだけ身に付いたかという点に重点が置かれ，教師による差はあるもののコミュニケーション能力の育成を意識した授業研究やその取組が十分には行われていない現状も見られる。

　そのような点から，各言語材料において，それらを用いて，いかに実践的なコミュニケーションにつなげるための対話活動を設定し，目的や場面，状況に応じて，情報や考え，気持ちなどを適切に表現したり伝えたりする活動をより頻繁に取り入れていく必要を感じる。このことは，小学校から中学校での英語授業を経験する中で，生徒から「中学校の英語は難しい。」または「おもしろくない。」といった声が聞かれる現状が決して珍しくないことなどからも，謙虚に中学校での授業内容や授業方法を見つめ直すことが求められているように思われる。

新学習指導要領における「話すこと［やり取り］（interaction）」の内容

　新学習指導要領において，「小・中・高等学校一貫した五つの領域」が示されており，その内容は①「聞くこと」・②「読むこと」・③「話すこと［やり取り］（interaction）」・④「話す

こと［発表］（production）」・⑤「書くこと」となっている。ここで注目すべきは「話すこと」が２つの領域に分かれていることであり，中でも③「話すこと［やり取り］（interaction）」に視点を当てて教材開発・授業研究を進めていくことが現状の課題を改善することにつながると考えられる。そこで，新学習指導要領において，③に関わる内容を以下に列挙し，方向性を考察していくことにする（下線は筆者）。

【中学校学習指導要領（平成29年告示）解説　外国語編】

・「理解する」，「表現する」という単に受け手となったり送り手となったりする単方向のコミュニケーションだけでなく，「伝え合う」という双方向のコミュニケーションも重視している。

…第２章・第１節

・「理解していること・できることをどう使うか」という「思考力，判断力，表現力等」の育成

…第２章・第１節(2)

・関心のある事柄について，簡単な語句や文を用いて即興で伝え合う（中略）「即興で伝え合う」とは，話すための原稿を事前に用意してその内容を覚えたり，話せるように練習したりするなどの準備時間を取ることなく，不適切な間を置かずに相手と事実や意見，気持ちなどを伝え合うことである。

…第２章・第２節・１(3)ア

・既習事項を活用したりすることや，伝え合う活動を継続的に行い，生徒が自分の言いたいことを即興で表現できる範囲を徐々に拡大していく

…第２章・第２節・２(2)エ(ｱ)

・限られた時間でまとまりのある文章を頭の中で組み立てることや，質問に対して的確に反応することは，しばしば生徒にとって難しいことがある。そのため，自分の考えなどを短時間で構成して伝え，質問に応答できるようになるための橋渡しとして，大まかな流れや主要な点を書いたメモに基づいて伝え合うなど段階的に指導する

…第２章・第２節・２(2)エ(ｲ)

2 「話すこと［やり取り］」を取り入れた授業のポイント

「話すこと［やり取り］」を積極的に取り入れる

　まず，授業の中で「話すこと［やり取り］」を積極的に取り入れることを重要視していく。小学校だけでなく，中学校で扱う各言語材料にも何らかの日常的なやり取りに役立てたり結びついたりする要素があるはずだと考える。ALT とのティームティーチングや，外国もしくは外国人とのふれあいの機会だけでなく，普段の授業の中にいかにその機会を設け，コミュニケーションすることに慣れ親しませるかを考えていくことが大切である。

「相手意識」「目的意識」を持った「必然性のある」活動を目指す

　次に，その会話活動が「相手意識」「目的意識」を持った「必然性のある」活動となることを目指す。「何のためにその会話をするのか」という目的を意識し，「その会話もしくは扱ったフレーズや言語材料が実際場面でどのように活かされるのか」という，有用感（ユーティリティ）や期待感を感じさせることが大切である。その場面設定は，なるべく日常に近いものや，まさに「自分自身」「話し相手自身」「現実に存在する人物や物」であること（リアリティ）は当然望ましいが，疑似的な場面設定（例えば，医者と患者や教師と保護者の役をする等）の中でもその会話が有効に使用されるのであれば，一定の成果が認められるものであるとも考える。

「即興で伝え合う」活動になるような工夫をする

　最も実際の授業の中でどこまでを学習者に委ねるかが難しいのが「即興で伝え合う」という点であると思われる。これは新学習指導要領において中学校の授業で求められていることであるが，現実問題として中学校で学ぶ学習材料の質的・量的な両面からもすぐに実現できることは難しい。そこで，相手との対話（やり取り）の展開の方向や内容に応じていくつかの選択肢を持たせることによって，即座に相手とのやり取りに反応できるような達成感を持たせるための工夫を取り入れながらの教材開発が必要となる。

3つの資質・能力を授業でバランスよく育成する

　決して，外国語活動および外国語の授業において，「話すこと［やり取り］」だけを重要視す

るという意味ではない。現在不足しがちなもの，またはどのような内容や方法，場面設定において授業の中に組み入れていくかが教師にとって難しく感じられると思われるものに視点を当てることが重要なのである。そうすることによって，授業の中での言語活動の量・種類ともに増加し充実していくはずだと考える。このことは，学習者が慣れ親しみ，興味・関心を持つためのきっかけを作るとともに，学習者にとって「学ぶ意義」を感じさせること（新学習指導要領で言う「資質・能力の三つの柱」③学びに向かう力・人間性等）にもつながると考える。

　また，それは英語学習の一部だけを補充するものではなく，文法や語彙なども含め，それらをしっかりと定着させるための取組（新学習指導要領で言う「資質・能力の３つの柱」①知識・技能）を前提とするものであり，既習事項をいかに駆使するかを考えたり，その中での正しい語句や表現方法を選択したり，よりよい方法を探ろうとするなどの取組（新学習指導要領で言う「資質・能力の三つの柱」②思考力・判断力・表現力等）など，互いに相互作用するものであり，授業の充実と学力向上を目指すための重要な視点の１つとしてはたらくことが期待できるものであると考える。同時に，指導者・学習者の双方が英語の授業を行うこと・英語を学ぶことに対してより明確な視点と安心感を持ち，少しでも授業の充実につなげることができればと考える。

　外国語活動・英語授業における種々の活動の中でも「話すこと［やり取り］」に焦点を当て，それを実践していくことは，決してやり取りをするという授業内での活動形態に表面的な変化が加わったり，活動の種類が増えたりするといったような意味だけでなく，学習者の情意面・認知面ともに，刺激や成果，そして他の学習活動との関連性も同時に強めるものとなると考える。

3 日常的に英語で「やり取り」することによる成果

英語学習に対するイメージに関わる成果【学びに向かう力・人間性等】

　中学校で特に起こりがちな，語彙・文法の指導が中心になると，学習者にとって英語を「ことば＝コミュニケーションのツール」としてのイメージを減少させ，「暗記すること」「文法を，いわば公式のように捉えて語句を当てはめながら正しく書くこと」に終始してしまいがちである。学習者にとって，英語はテストのために覚えるべき事柄となり，それが日常的に地球上で使われているコミュニケーションとしての「ことば」というイメージを持ちにくい状況下においては，その学習意欲を向上させることが困難となる。実際にやり取りすることは，「英語そのもの」や「英語を学ぶこと」が有用であり価値あるものであるという印象や認識をより強く持たせることになると考える。

他の技能・領域と結びつく成果

　「話すこと［やり取り］」は，４技能５領域のうちの１領域にすぎないが，そこに主眼を置いて授業実践を行っていくことは，他の技能・領域における学習内容の定着に対しても有効であると考える。また，新学習指導要領における「これからの時代に求められる資質・能力の育成」に係る「三つの柱」のうち，以下の２点との関連性は次のように捉えている。

①【知識・技能】

　学習者が，英語を「ことば」として感じることで，モチベーションが高まることは前述したこととも同様であるが，一つ一つの学習内容がその対話を成立させるために必要な言語材料であると考えることによって，語彙や文法を理解することに対してより明確な目的が生じるものと期待できる。特に目的を持たずそのまま覚えてその日の学習に機械的に使用したり，テストなどに備えて丸暗記するのではなく，その表現方法が「このような場面で重要だ」「このようなことを伝えるために便利だ」「これを学べばこんなことも言うことができる」などと思わせる場面を授業の中に位置づけることは，そのくり返しの中で定着の度合いも高まると考える。日本語を英語に直すという作業的な学習でなく，何らかの場面設定がある中で少しでも生きた「ことば」として学ぶことの方が学習成果があり，記憶にも残されやすいのではないかと考える。

②【思考力・判断力・表現力等】

　やり取りを通して会話をつなぐ経験を重ねることで，「どのような方法で会話の内容を膨らませたり，より詳細な情報を得たりすることができるか」という考え方や表現方法を多く与えることになるはずである。また，全文を決まり文句のように話すのではなく，たとえ選択制であっても会話の流れ（＝場面・状況）に応じて語句を入れ替えたり適切な表現を選択することは，「思考・判断」につながるものであり，別の場面においても「この表現はこのような場面で使用できる」といった「表現」の幅を持たせるものとなると思われる。

授業の活性化に関わる成果

　授業の中に多様な言語活動の機会を増やすことは，いわゆる「教え込み」の雰囲気や授業者の一方的な講義型の授業となってしまうことを防ぐものである。学習者の声が教室に響きわたることは，授業の雰囲気を活性化し，授業者・学習者ともに活動的な雰囲気の中で授業を行うことができる。授業のパターン化は，学習者にとって興味深い言語活動を伴うものであれば「授業の流れを知り見通しを持つことができる」という意味で有効であるともとれるが，そのパターン化が「単調さ」となってしまっては，学習者の興味・関心を高めることが困難となりがちである。誰もが英語学習を通して「良い成績をとりたい」と同時に，「英語を使いたい」「話せるようになりたい」という気持ちが根底にあることを前提としながら，授業内でやり取りの機会を増やすことは，そういった授業の単調さを防ぎ，授業者・学習者が共に生き生きと授業に臨むことができると思われる。まずは私たち教師が授業に対して「よし，こんなことを経験させよう」という意欲を持たなくては，授業改善にも学習者の意欲の高まりにもつながらないのである。

　ただし，これは講義型の授業や教え込み自体を否定するものではない。「話すこと［やり取り］」の活動に至るまでには，それらの語句や表現に十分慣れさせるための反復的な練習も必要となるであろうし，学習のまとめの段階では，特に中学校においては「書く」ということもしっかりとできる必要がある。よって，授業の中には秩序や真剣味のある雰囲気は大切であり，「動的」な学習活動の方が重要であるといった意味ではない。

4 効果的な「ダイアローグ」作成のポイント

　それぞれの学習段階または，各言語材料において，どのような対話例を提示し，学習者にそれをもとにしたやり取りをさせるかというヒントとなるものをできる限り多く作成していきたい。ただし，そのダイアローグ作成において，留意しなくてはならない条件として次のようなことを考え，できるだけその全てを網羅できるよう工夫することが重要である。

日常の授業で行えるもの

　外国の学校や外国人（ALT）を含む活動は，それ自体が「生きた英語（ことば）」であり，そのような機会は貴重であり，それらが英語授業の中に多く位置づけられることは理想的である。しかし，本書においては，日常の授業において日本人教師１人で行える活動，つまり，日本人である教師と生徒または生徒同士で行う活動で用いることのできる対話例（ダイアローグ）を紹介する。当然その対話を成立させ，活動で成功体験を感じさせるためには，そこに至るまでのパターンプラクティス等反復練習は不可欠となる。

会話がつながっていくもの

　一問一答の単調なインタビュー形式の活動も，反復による定着を図るという点においては有効であるが，本書においては，その授業で扱われる表現方法や言語材料を用いながらも，それにとどまらず，簡単な返し言葉や既習の表現・言語材料を用いた英語でやり取りをつなぎ，会話の内容を少しでも広げたり深めたりできるようなダイアローグとする。

即興性につながるもの

　新学習指導要領において「即興で」という要素が求められているが，その場で自分の言いたい内容や会話を自由につなげていく方法（表現）を思いつくということは大変困難な現状である。そもそも，人と人が対話をするためには，少なくとも一方に「話したいこと」「伝えたいこと」「たずねたいこと」があるから成立するのであり，その欲求や必要性がなければ英語に限らず「自由に話す」ことには無理を感じる。そこで，「即興」とは，話す内容や返し方，会話の広げ方を完全に自由に考えるものとは捉えず，相手の問いかけや情報，返答の仕方に応じて，自分の応答や方向性，つまり会話の展開の仕方ができるだけ変化していくようなダイアロ

ーグを提案する。これらの変化は場合によっては語句のみ，あるいは文全体を変化させることになるが，その時の対話の内容や学習段階・言語材料に応じ，より活動しやすい方法をとる。また，即興で会話をつなぐためには，ある程度の選択肢を与えることも時には不可欠であり，いくら選択制でつなげる対話であっても，その都度会話の流れに応じた適切な語句や表現を選択しながら話すことは，即興性の要素を持ち，今後「即興で伝え合う」ことへとつながっていくための礎となると考える。

必然性・有用性（ユーティリティ）や目的意識を感じるもの

なぜその会話が必要になるのかという場面設定をする。日本人同士が英語を使って意思や情報のやり取りをするためのモチベーション作りである。まず，何よりも会話する２人が互いの持つ情報に差や違いがある状況（インフォメーション・ギャップ）が大前提であるが，その他にも必然性・有用性を感じさせる場面設定として，大きく２種類のものがあると考えている。

１つは，店・病院・ホテル・駅や道案内など，日常的または海外旅行などでの想定しやすい場面設定である。実際に英語が使用される場面は，学習する意義を感じやすい。しかし，全ての表現方法や言語材料の学習において，常にこのような場面設定をすることは難しい。

そこで，もう１つ重要になるのは，更に疑似体験的な場面設定である。例えば，スポーツのヒーローインタビューを受ける時のインタビュアーと選手であるとか，外国人やアニメの登場人物になりきって何らかの情報をやり取りする場面設定のことである。これらは，現実には起こりにくい場面であり，自分自身の意思や情報を交換するわけでもないが，そういった中でもやり取りを体験することによって，その表現方法や言語材料の意味や価値を感じることのできるものとなることを目指す。

いずれにしても，必然性・有用性などの「目的意識」を持たせるために共通して重要となることは，会話することによって「何らかの結果を得る」ことであると考える。それは，会話して情報を得て，「ああ，そうなんだ」で終わるのではなく，「何のために情報を得るのか」「情報を得た結果，どうなるのか」という「ルール設定」を施すのである。そのためには，ゲーム的要素を伴うことが多くなるが，目的を持たせるためには有効な手段である。

自分自身，相手自身に置き換えることができるもの（リアリティ）

上記のような疑似体験的な場面設定だけでなく，表現方法・言語材料によっては，まさに自分自身・話し相手自身の意思や情報をやり取りする体験も行わせていくことは重要である。ただし，この活動を行う際にも，前述した，会話がつながる，即興性につながる，必然性・有用性（ユーティリティ）で目的意識を感じるような活動方法を意識していく必要がある。

5 「ダイアローグ・トレーニング」活用の バリエーション

バリエーション1　自由に教室を移動する

　教室内を自由に歩き回り，それぞれが会話する相手を見つけながら会話を進めていくのは，一般的な方法の1つである。これは，学習者が活動的な雰囲気の中で対話ができることと同時に，1人でも多くの相手と対話しようとすることに意欲的になれる方法でもある。つまり，後に述べるような自席を基本にしたペアで対話を行うと，1人あたりの会話数が制限されてしまうが，できる限りスピーディにまたはスムーズに会話を進め，少しでも多くの相手と情報のやり取りをしたいという学習者の気持ちを刺激するために有効な手段である。後に示すダイアローグ例にも「最後に"○○○○"と相手が答えたら2点，相手がそれ以外の応答をすれば1点」といった得点を競わせるゲーム的要素による活動が多く目立つように，少しでも多くの会話をすることを重要視した活動となっている。よって，得点制も「それ以外の応答をすれば0点」ではなく，少なくとも1人と対話すれば1点を獲得できるという形式の方が，この形態でペアワークを行う際の動機づけとして重要となる。

　しかし，この対話は授業者が1人1人の英語を話す様子を掌握することが困難になるという一面もある。授業者は，学習者がしっかりと英語で対話できているかを確認しながら教室内を動き回り，相手を見つけられていない学習者同士をつないだり，授業者自身がその学習者の対話相手となったり，迅速に適宜対応していくことが求められる。英語で話している様子を詳細に把握して指導することは難しくとも，学級内で学習者同士が人間関係を構築していくことや，授業者の人間関係に関する掌握や気づきにつながるという意味では利点でもある。

バリエーション2　自席を基本にしたペアを作る

　上記のように，教室内を自由に移動する方法には，その掌握（机間巡視）のしにくさやうまく相手を見つけられない生徒への対応など不利な点もあり，対話する回数をどの生徒にもしっかりと保障していきたい場合，（特に長めのダイアローグを使用する時は，）自席でペアを作り，隣同士や前後同士で対話する方法が有効である。長いダイアローグで対話させる時，それぞれのペアでの1回のやり取りに要する時間が長いため，次から次へとうまくペアを見つけられない状況が生まれやすいからである。これによって，授業者が1人1人の対話の様子を観察しやすくなるとともに，学習者も全員が同じ回数のやり取りを行うことが保障される。

　また，自由に動き回る時のように親しい友人ばかりと対話するのではなく，日常あまり話す

機会がない相手ともやり取りをすることになるという利点も生まれる。ただし，座席を基本にした場合，いつも同じ相手とやり取りをする機会が多くなるため，片方の列だけは1つずつ前後にずれたり，あるいは横にずれたりなど，その都度次のペアへと移動する方向を変えるなどの工夫も必要となる。

バリエーション３　ペアで行っている対話を第三者が評価する（相互評価させる）

　例えば，右のようなダイアローグ例（過去分詞の後置修飾―中３）にもあるように，次のような対話を行ったとする。このダイアローグは得点制によるゲーム形式ではなく，とにかく意味がつながるように自分の考えを言いながら会話を続けていくことを目的とするものである。この活動では（　）の中に入れる語句は選択制のものとなっており，英語で文を作ることを不得手とする学習者でも可能なものとなっている。日本語ではＡの「石で

A : I want a (table) made of (stone).
B : Why do you want it?
A : Because it's (strong).
B : I think a (table) made of (glass) is better.
　　Because it's (stylish).
A : That's true.
　　But a table made of (stone) is also (cool).

できたテーブルが欲しいな。丈夫だし。」に対し，Ｂが「ガラス製のテーブルの方がいいよ。おしゃれじゃん。」と返す。更にＡが「確かにそうだけど，石のテーブルもかっこいいよ。」と言い，内容的にはつながっている。しかし，もしＡが石のテーブルのよさを説明する時，"Because it's strong." ではなく "Because it's cheap." や "Because it's useful." と言うと，「そうかな？」「どうして？」となるし，Ｂがガラス製のテーブルの方がいいという理由を "Because it's tough." と言うと，「それはおかしいよ。」ということになる。

　このように，その物の特徴を示す時に選択肢として用意された形容詞を適切に用いることができていない状態もあれば，更に理解不十分であったり焦ったりして答えてしまう学習者（Ｂ）は "I think a table made of stone is better." と言い「同じじゃん。」となってしまったり，"I think a door made of wood is better." として「関係ないよね。」ということになったりする場合もあり得る。そのように，互いが自分の話すことに精一杯となり，会話が成立していないことに気づかないまま放置してしまうようなこともあるため，このような活動をする際には第三者が評価する役割として，そのペアワークを観察するのも有効な手段である。3人もしくは，4人が1つのグループとなり，会話をしていない残りの1人ないし2人が観察と評価を行う。その学習者自身も対話を聞きながら理解を深めることができるし，対話した学習者たちもその都度のふり返りをすることにもなる。

バリエーション4　英文を見ずに話すようにする

　対話を続けていくということを視点としながら，提示するダイアローグの内容が複雑になっていくと，どうしてもワークシートにあるダイアローグの英文を見ながら対話を進めていく傾向が強くなりがちである。いくら授業者が提示したダイアローグであっても，英語を用いて対話をしているという実感を持たせるための活動として位置づけたいという意味では，このように学習者たちが紙（英文）を見ながらの活動ばかりを日常的にくり返しているだけでは，本当に「英語を使える」「英語を話せる」という方向に向かっているのかということに確信を持てないことになる。

　このようなことを解消するために，「一切英文を見ない。」という指示だと活動が滞りがちになるであろうし，「できる限り見ない。」という曖昧な指示では学習者たちはあまりそこに挑戦せずに過ぎ去っていくことになる。「ふり返りカード」などで自己評価させる（自己評価項目にそのような観点を付加する）ことでもある程度は解消するであろうが，そこにこだわる学習者は常にこだわり，逆にこだわらない学習者はずっとこだわらないままという状態になることも危惧される。そこで，全体の指示として，特に前述のように自席を基本としたペア活動においては，「３回やったら，４回目の相手とからは見ずにやろう。」などと段階的な指示をすることも大切である。また，それでも困難な場合は，「何を話すか」という日本語の提示や，語句だけを見せて文全体を見せないワークシートの準備なども工夫していくことによって，ただ読むことによるコミュニケーションではなく，より実践的な活動へと近づけることが可能になるはずである。

　例１（未来形―中２）は，「何を話すか」という日本語を提示する方法の一例である。右がダイアローグ全体であるが，それを見ずにA（officer）がB（traveler）に対して何をたずねるのかということを日本語のメモとして利用できるようにする。特に，このようなやり取りにおいては，「あれ？次に何をたずねたらよかったのかな？」「あと何をたずねればいいのかな？」などとなりがちなので，その内容だけを提示するのである。こういったものは，学習者に配付するワークシートの一部（裏面印刷や

【例１　「何を話すか」という日本語の提示】

A：Show me your passport, please.
B：Sure. Here you are.
A：Where are you going to stay?
B：I'm going to stay at Rainbow Hotel.
A：How long are you going to stay?
B：I'm going to stay for one week.
A：What's the purpose of your visit?
B：Pleasure.

↓

〔Aが話す内容について〕

・パスポートを見せるように言う。
・宿泊場所をたずねる。
・滞在期間をたずねる。
・渡航目的をたずねる。

折り曲げて使用する形式のもの）を使用してもよいし，黒板などに掲示することによって示す方法でもよい。このような会話では，BはAから聞かれたことを答えるだけなので，Bの役割をする学習者に対しては最初から「見ずにやろう。」という指示を出しても可能だと考える。

例2（現在完了形・経験用法—中3）は，文全体を見せず必要な語句のみを提示する方法の一例である。「相手が経験したことがあるかたずね，その回数を聞いてみよう」という課題提示をする。実際の対話練習においては，上の英文は見ずに，下の語句（つまり，どのようなことに関する経験をたずねるのか）だけを提示する方法をとる。このようにいくつかの内容を羅列した

【例2　全体を見せず必要な語句のみを提示】

A：I have never（　　　　　）.

　　Have you ever（　　　　　）?

B：Yes, I have.

A：How many times have you

　　　　　　　　（　　　　）?

B：I have（　　　　）three times.

A：I see. / Great! / I don't believe that.

　　　　　　↓

〔Aが話す内容について〕

・be to Hokkaido　　・see a panda   ・bring a smartphone to school   ・eat candy at school   ・sleep in class

形で会話活動を行っていく際には，語句のみを提示することも有効である。（これらを例1のように日本語にしてもかまわないし，これらの動詞を最初から過去分詞にしておくかどうかについても，その時点での学習者の理解度を考慮しながら適切と思われる方法をとるようにする。）この場合も，Bは相手がたずねた内容に対して答える役割となるため，Bに対しては「一切見ずに」という指示をすることも可能である。

　いずれにしても，ある程度の負荷をかけることは学習成果を高めるだけでなく，「適度な負荷があるからこそ楽しめる（やる気が出る）」という学習者の意欲を刺激することにもなる。しかし，負荷をかけすぎては「やり取り」自体が学習者にとって苦痛となってしまうこともあるため，学習者の状況をしっかりと把握しながら適切な負荷と適切な援助をその両面から考慮していくことが重要である。

バリエーション5　時間制限の中で対話する

　次ページの対話例（比較 more, the most —中2）は，ダイアローグの中で使用できる英文が示されているだけで，「どのような順序で対話を展開していくか」「次にどんなことを聞けばいいのか」などが，対話する2人に任されている活動である。学習者たちは，friendship（友情），health（健康），money（富・金），knowledge（学識）のうち，それぞれが大事だと思う

ものの順番をつけ，それをお互いに確認し合う。この活動では，得点制ではなく，両者ともがこれら４つにどのような順位づけをしたのかを互いに知るために質問や回答，同意や反対意見をくり返しながら時間内に全て知ることを課題とした活動である。

コミュニケーションする中で「即興性」にアプローチするということを視野に入れれば，そのダイアローグの内容やルール設定によっては時間制限を設けた活動をすることも有効だと考える。「次にどんなことを聞けばいいのか」などしばらく考えてから話したり，相手の話す内容を理解することに時間がかかったりすると，実際に会話が途切れがちになったりするものである。そういったことを解消するためにも授業者が時間を管理しながら，各ペアで解決に向けて会話させるのである。

A : I think health is the most important of the four.
What do you think?
B : I think friendship is the most important.
A（B）: Which is more important for you, money or knowledge?
B（A）: Knowledge is more important than money.
A（B）: I think so, too. (I agree with you.)

また，こういった活動がきちんとできているか（この例の場合なら「お互いの順位づけを本当に全て英語だけで確認できたのか」）の掌握が困難な場合には，バリエーション３で述べたように，３，４人の小グループで活動させ，２人が対話している間に残りの１，２人が内容をチェックするとともに，タイムキーパーを行ってもよい。授業者だけがタイムキーパーをするのであれば「○○秒以内に全て解決しよう」といった課題となるが，各小グループでタイムキーパーを設定することによって，「解決するまでに何秒かかったか」という時間の記録を競わせることも可能な活動となるはずである。（その場合，ストップウォッチなどを多数準備する必要などはなく，教室の時計の秒針などを使って，タイムキーパーがスタートの指示をすることによって計測することができる。）

バリエーション６　自分が本当に言いたいことなど表現の幅を広げる（班活動を利用する）

学習者の負荷を適度に取り除き，活動しやすくしたダイアローグの中でやり取りをさせることも大切ではあるが，新学習指導要領では情報だけでなく，自分の考えや思いを伝えること，本当に自分たちが「言いたいことを伝え合える」といったことも目標として掲げられている。自分の言いたいことや自分自身の思い・考えを表現することについては，「発表する」こと以上に「やり取りする」ことにおいては既習語句をいかに駆使するかを活動の中での条件付けとする方が好ましいと思われる。その理由は主に２つあり，１つは既習語句を使用しなければやり取りの中で話し相手にその内容が伝わらず一方通行になる（ALT など外国人講師との授業

では可能だが，本書においては学習者同士でやり取りするための方法を模索することが主眼である）ためであり，もう１つは，既習語句を駆使することこそが，その場において即興で対応する力となっていくと期待できるためである。また，そうすることによって，「学習したものが使える」という実感（学習の意義）にも結びつき，日常の学習に向かう動機づけとしても非常に重要なものとなると考えるからである。

　しかし，英語の学習を不得手とする生徒は右のようなダイアローグ（動名詞―中２）で対話することになった場合，活動が滞りがちになったり，自信を持ってやり取りできない状態になってしまいがちである。この対話はA（nurse）とB（medical examinee）の健康診断の問診を場面にした対話例であるが，下線部についてはBがあらかじめ自分自身の実際の状況を自由に考える部分となる。つまり，会話する前にあらかじめ自分の生活習慣の中で良いことと良くないことについて，英語で「I」も

> A : What do you do for your health?
> B : I go to bed early every night.
> A : That's nice! Going to bed early is good for your health.
>   Then, do you have any bad habits?
> B : I play games for a long time.
> A : So, you have to stop playing games for a long time.
> B : And I don't eat fish.
> A : Really? Eating fish is very important.

しくは「I don't」で始めた英文で表現しておかなくてはならないことになる。

　このような場合は，対話する前にまず班活動を行い，班の中で「自分が作った英文は正しく表現されているか」「自分が言いたいことをこれまで習った言い方でどのように表現すればよいか」などを話し合い，教え合うなどして準備をさせる場を設定するのである。この場合は，学級の様子にもよるが，３，４名よりはむしろ５，６名の班を利用した方がより確実に正しい英文を表現する可能性が高まると考えている。自分の作った英文に自信を持つことでより活動への意欲も高まり，互いの言いたいことが理解できるという「伝え合う」場の実現に大きく役立つはずである。同時に，すらすら話せるよう，班内で練習したりお互いをチェックし合ったりすることも可能である。思いや考えを伝えようとする時も個人が様々な内容の英文を表現することになりがちなので，授業者がすぐに質問に答えたりつまずきのある学習者への関わりを持ったりすることよりも，学習者同士のこのような場の設定が有効である。

　また，この方法で行う場合は，バリエーション１のような教室を自由に移動する形態での活動が望ましく，自由に相手を見つけて対話をするが，その際には同じ班（教え合ったグループ）のメンバーとは対話しない（班活動の時点でインフォメーション・ギャップが失われているため）というルール設定が必要となる。

6 中学校英語のほぼ全ての 言語材料に対応した「ダイアローグ」

　本書で提案するダイアローグは，完全に即興性のものではなく，自由に対話するというよりもむしろ制限された枠の中でやり取りする「使う練習」としてのものである。実際のところ，多くの学校や先生方が，特に言語材料を設定せず，既習の語句や表現方法を駆使しながら互いの意思や考えを交流していく，まさに「会話」としての授業実践を行っていることも事実であり，そのような実践と比較すると初歩的なものと感じられるかもしれない。

　しかし，現実的に，どれだけの学習者がその時間において多種多様な既習の表現を駆使しながら自由に会話をつないでいくことができるかと考えた時，そこに至るまでにはもう一段階基礎的なやり取りを行わせる機会を日常の授業の中に少しでも頻繁に位置づけることが必要だというのが筆者の考えである。どんな文法や表現方法がどのようなことを言いたい時に有効なのか，会話をつないでいくためにはどのような反応をしたり，どのようにして話の内容や情報をより詳細に聞き出したりするのかというヒントを与えるための機会ともなるはずである。

　また同時に，日常的に行うということは，その時間もしくはその単元で中心的に扱われる言語材料を用いるという視点も必要になる。特に，中学校で英語の学習を進めるにあたって，学年が進むにつれて文法や文の構造が複雑化し，その理解や使用に対して困難さを感じる学習者が増加する傾向にある。そのような状況が頻繁になってくると授業者も文法指導を中心とした説明や「書くこと」の指導に追われがちになり，それをコミュニケーション活動でも使ってみようとする機会が減少してしまうことも多々あるのではないだろうか。しかし，そのような状況下であるからこそ，敢えて学習者にそういった言語材料を用いた会話活動を行わせることで，学習者はその文法自体が日常的な会話の中で使えるという有用感を感じたり，それらを使ったダイアローグにしたがって互いにやり取りをくり返すことによってその言語材料に対して親しみを感じたりすることに結びつく効果を得られるものと考えている。そのように感じる経験を日常的にすれば，学習者が文法の理解や書くことに追われるばかりでなく，「ことば」としての英語に対する興味・関心を高め，今後の学習態度にもよい影響を持つものとなると思われる。

　そして，そういった授業の中でのやり取りを少しでも多く経験させることによって，自分の言いたいことをその場で表現したり，相手の返答に応じて適切な返し方ができたりといった，実際に英語を「話す」ことや「使う」ことができる学習者を育てていくはずである。もちろん，最終的には実際に英語を駆使し，会話をつなげたり，即興で英語を話したり相手に応じたりする力をつけることを目指したい。そのために授業者が日常的にどんなことをすればよいかという視点の1つに本書がなればありがたいと考えている。

Chapter 2

中学１年の
ダイアローグ・
トレーニング

Training 1 外国人になって自己紹介しよう！
言語材料：I'm 〜. / You're 〜.

●表の中から好きな人物名と出身国を選び，その人物となって「I'm」「You're」を間違えず
にやり取りする練習をしましょう。

まずは，あなたの好き
な名前と出身国を選び，
色をつけましょう。

会話した相手の名前と出身国
を○で囲んでいきましょう。
24マス中，いくつの名前と出
身国に○をつけられるかな。

女性名	男性名	出身国
Ann	Paul	the U.K.
Meg	John	the U.S.A.
Susie	Mike	Canada
Cathy	Mick	Australia
Pat	Tom	New Zealand
Nancy	Sam	Singapore
Betty	Ned	India
Emily	Bill	Kenya

A：Hello, I'm (　　　　). I'm from (　　　　　　).

B：Oh, You're (　　　　). You're from (　　　　　　).
　I'm (　　　　). I'm from (　　　　　　) (,too).

Aと同じなら，「,too.」
を加えて言う。

A：Oh, you're (　　　　). You're from (　　　　　　) (,too).

Bと同じなら，「,too.」
を加えて言う。

B：Nice to meet you.

●より多くの名前・出身国の人と出会えましたか。
表に○をつけた数を数えましょう。

→24マス中 　　　 マス

Class　　　No.　　　Name

Training	**2**	自分の性格を伝え合おう！

言語材料：I'm 〜. / You're 〜.

●表の中からあなたに近い性格を選び，相手の人に紹介しましょう。また，お互いが話したことに対して，あなたの感想も伝えましょう。

元気	cheerful
怠け	lazy
勤勉な	diligent
もの知り	smart
親切	kind
のんき	easygoing
まじめ	earnest
いたずら好き	naughty

怒りっぽい	quick-tempered
親しみやすい	friendly
わがまま	selfish
いい加減	loose
おもしろい	funny
礼儀正しい	polite
内気	shy

A：Hi. I'm (あなたの名前).

　　 I'm (あなたの性格).

B：【相手が長所を言ったなら】

　　　　I know. You're (相手が言った性格).

　　　　And you're (相手のイメージ) (,too).

> いったん相手の言ったことを認め，自分が見たイメージも付け加える。

> できるだけ相手の長所を言う。

　　【相手が短所を言ったなら】

　　　　Really? You're (相手のイメージ).

> できるだけ相手の長所を言う。

A：{ 【確かにそうだと思うなら】Right.
　　　{ 【そうかなあ…と思うなら】Really?

●相手の人は，あなたの性格に対してどのようなイメージを持っていましたか。

　多かったものや印象に残ったものを書いておきましょう。

Training **3** あなたはどんな動物？
言語材料：Are you 〜？ / I'm not 〜.

●表の中から好きな動物になりきり，それを自分（I）として，相手の質問に答えましょう。
また，友だちがどんな動物になりきっているのかを言い当てましょう。

出身	from Japan		from Australia		from Africa	
名前	Noah	Jolly	Wooly	Amie	Elly	Leo
動物	a wolf	a monkey	a sheep	a koala	an elephant	a lion

「名前」と「動物」のどちらを使うかは，
先生の指示にしたがいましょう。

A : Are you〔big / cute〕？   2回くり返して両方とも聞く。

B : { Yes, I am.
      No, I'm not.

A : Are you from (   )？

B : { Yes, I am.
      No, I'm not.

A : Are you（名前または動物）？   特徴と出身地から推測して質問する。

B : { Yes, I am.
      No, I'm not. I'm (   ).   相手が間違えていたら，正解を教える。

最後の質問で
言い当てたら
2点，間違え
たら1点。

話し相手						合　計
得　点						

28

Class　　　No.　　　Name

Training **4** 世界中を旅するあなたは，今どこに？
言語材料：Are you 〜? / I'm not 〜.

●日本にいるＡが，世界中を飛び回っているＢに電話をします。Ｂの今の気分を聞いて，どの
　時間帯なのかを推測し，Ｂがいる場所を言い当てましょう。日本は今，午後１時とします。

Ｂになった時にいる場所を決め，
その時刻ならどんな気分かを想像
して，あてはまるもの（１つか２
つ）に○をつけましょう。

Ｂがいる場所
〔　　　　　〕
hungry
sleepy
tired

Place	Time
Tokyo (Japan)	1:00pm
London	4:00am
New York	11:00pm
Hawaii	6:00pm

A : Hello, (相手の名前).

B : Hello, (相手の名前).

A : How are you ?

B : I'm 〔 hungry / sleepy / tired 〕.　　いずれか気持ちの強いものを
　　　　　　　　　　　　　　　　　　　１つ選んで答える。

A : Are you (　　　　　　　)?　　相手が言わなかったうちの
　　　　　　　　　　　　　　　　１つを選んでたずねる。

B : { Yes, I am.
　　　　 No, I'm not.

A : Are you in (　場所　)?　　推測して聞く。

B : { Yes, I am.
　　　　 No, I'm not. I'm in (　　　　　　　　).　　相手が間違えていたら，
　　　　　　　　　　　　　　　　　　　　　　　　　正解を教える。

最後の質問で
言い当てたら
２点，間違え
たら１点。

話し相手					合　計
得　点					

Training **5** 趣味から持ち物を言い当てよう！
言語材料：This is 〜.

●お互いの持ち物について会話しながら，持ち物から趣味を言い当てたり，趣味から持ち物を
　言い当てるやり取りをしましょう。

> あなたの趣味に合わせ
> てあなたの持ち物を決
> めておきましょう。

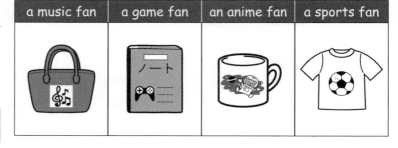

| a music fan | a game fan | an anime fan | a sports fan |

> まずはどれか１つ
> 聞いてみる。

A : Is this your 〔 bag / notebook / cup / T-shirt 〕?

B :
　　Yes, it is.
　　No, it's not.　I'm (　　　　) fan.

> 相手が間違えていたら，
> あなたの趣味を教える。

> 趣味を確認して
> 持ち物をほめる。

【Bが「Yes」なら】

A : Are you (　　　　) fan ?
B : Yes, I am.
A : This is a nice (　　　　).
B : Thank you.

> 相手の趣味をくり返し，
> 持ち物を確認する。

【Bが「No」なら】

A : Oh, you're (　　　　) fan.
　　　Is this your (　　　　)?
B : Yes, it is.
A : This is a nice (　　　　).
B : Thank you.

> 持ち物を
> ほめる。

> すべての持ち物について，
> ２人ずつ持ち主を見つけ
> ましょう。

物	bag	notebook	cup	T-shirt
持ち主				

Class　　No.　　Name

Training **6**　友だちに本をプレゼント
言語材料：This is 〜.

●AはBに本をプレゼントします。相手が欲しいと思う本をうまく選べるといいですね。

A : This is a present for you.
B : For me ?　Oh, thank you !
　　　　　　⎧ a novel ?
　Is this ⎨ a comic book ?
　　　　　　⎩ a picture book ?

種　類	内　容	
a novel	a mystery	
	a love story	
a comic book	about adventure	
	about school life	
a picture book	about animals	
	about space	

> どれか1つを選んでたずねる。この時点では，あなたの好み以外のものを聞いてもよい。

> あなたがもらったらうれしい本を2つ決めておき，○をつけましょう。ただし，同じ種類からは選ばないこと。

> Aは，Bの好みを推測しながら会話を進める。

A :　⎧ Yes, it is.
　　　⎩ No, it's not.　It's a (種類).

> Aが答えた種類に応じて内容をたずねる。

B : Is it　⎧ 【小説なら】〔 a mystery / a love story 〕?
　　　　　　⎨ 【漫画なら】about 〔 adventure / school life 〕?
　　　　　　⎩ 【図鑑なら】about 〔 animals / space 〕?

A :　⎧ Yes, it is.
　　　⎩ No, it's not.　It's (内容).

B :　⎧ 【自分が欲しい本なら】
　　　⎨ 　　Oh, you are the best !　Thank you so much.
　　　⎩ 【そうでもない本なら】Oh, thank you.

> 相手に喜んでもらえたら2点，そうでもなければ1点。

話し相手					合　計
得　点					

Training **7**　　友だちの友だちとつながろう！
言語材料：He is 〜. / She is 〜.

●Aは自分の友だちをBに紹介します。Bは，Aの友だちと自分の共通点を見つけて，友だちの輪を広げるきっかけを作りましょう。

A : (　　　　　) is my good friend.

> 誰か友人の名前を言う。できれば，Bよりもあなたの方が親しくしている友だちが望ましい。会話ごとに変えてもよい。

> Bが知る限りの情報を言う。片方でもよい。

B : Oh, 〔 he / she 〕 is in Class (　　　).
　　　And 〔 he / she 〕 is
　　　　　　　in the (　　　)〔 club / team 〕.

A : Right.

> Bが間違えていたら，「No」で否定し，正しい情報を言い直す。

> あなたとの共通点を推測して話題をつなぐ。

B : I am a (　　　) fan.
　　Is 〔 he / she 〕 a (　　　) fan, too ?

A : 　Yes, 〔 he / she 〕 is.
　　　Maybe.
　　　No, 〔 he / she 〕 isn't.
　　　Sorry. I don't know.

> 知っている範囲で答える。

> 友だちの友だちであなたと同じ趣味や好みの人を増やし，リストを作っていきましょう。

Club Activities
basketaball
volleyball
table tennis
tennis
judo
kendo
handball
soccer
track and field
baseball
swimming
badminton
gymnastics
dance
music
art
homemaking
computer
science

名　前					
共通点					

Class　　　No.　　　Name _____

Training **8**　海外のペンパルについて話そう！
言語材料：He is 〜. / She is 〜.

●表の中からペンパルになりたいなと思う人物を1人選び，その人が実際にペンパルとなった
　ことにします。その人を紹介したり，話し相手のペンパルが誰かを言い当てたりしましょう。

あなたがペンパル
にしたいと思う人
物に○をつけまし
ょう。

Korea	Brazil	France	Korea	Brazil	France
sport player		musician		painter (artist)	

A : Hey, my penpal is a nice 〔 boy / girl 〕.

B : Really ?
　　Is 〔 he / she 〕 from (　　　　) ?

「boy」「girl」のどちらを
言ったかによって「he」
「she」を使い分ける。

A :　{ Yes, 〔 he / she 〕 is.
　　{ No, 〔 he / she 〕 isn't.

質問は
2つだけ。

B : Is 〔 he / she 〕 a (　　　　) ?

A :　{ Yes, 〔 he / she 〕 is.
　　{ No, 〔 he / she 〕 isn't.

質問した後，情報を
まとめて確認する。

B : So your penpal is a (　　　) from (　　　).

A :　{ That's right.
　　{ No. 〔 He / She 〕 is a (　　　) from (　　　).

相手が間違って
いたら，訂正す
る。

最後の質問で
言い当てたら
2点，間違え
たら1点。

話し相手					合　　計
得　点					

Training 9 好きな食べ物と飲み物で会話をつなごう！
言語材料：一般動詞 / do, don't

●好きな食べ物や飲み物を話題にしながら，会話をつないでいく練習をしましょう。ただし，最初に話した人と必ず同じカテゴリーの物を話題にすることに注意しましょう。

西洋料理	日本料理	飲み物	スイーツ（お菓子）

各カテゴリーで，好きな物を1つか2つ決めておきましょう。

まずは上のうちどれか1つを選んで話題を投げかける。

A：I like (　　　　).

B：Oh, you like (　　　　).

相手の内容をくり返し，あなたの気持ちを言う。

　　{ I like it, too.
　　{ I don't like it.
　　Do you like (　　　　)?

同じカテゴリーで，あなたの好きな別の物についてたずねる。

A：Yes, I do.　　　　**A**：No, I don't.
B：I like it, too.　　　**B**：Really?　I like it very much.

話題にした物が2つとも意気投合できた友だちの名前をカテゴリーごとに記録していこう。

横1列そろうと1点獲得。

	西洋料理	日本料理	飲み物	スイーツ（お菓子）
得 点				

Class　　　No.　　　Name

Training **10** 好きなのに持ってないの？
言語材料：一般動詞 / do, don't

●好きか好きじゃないか，持っているか持っていないかについて会話しましょう。あなたが欲しいと思っている物を相手が持っていればいいね。

相手の答えが「No」なら別の物をたずねる。

左の枠にはあなたが好きだと答えるジャンルを２つ選んで○をつけましょう。また，各ジャンルであなたが持っているアイテムを１つずつ選んで○で囲みましょう。

A : Do you like （　　　　）？

B : { Yes, I do.
　　　No, I don't.

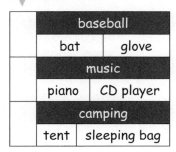

相手が好きだと答えたジャンルの２つのアイテムのうち，どちらか一方についてたずねる。

A : Do you have a （　　　　）？

B : { Yes, I do. But I don't have a （　　　　）.
　　　No, I don't. But I have a （　　　　）.

A : So you want a （　　　　）.

Bが持っていないアイテムについて話す。

B : Right. Do you have a （　　　　）？

A : { Yes, I do.
　　　No, I don't.

あなたがBの時，相手 (A) が欲しい物を持っていたら２点，持っていなかったら１点。

話し相手						合　計
得　点						

Training 11 文房具屋さんと野菜屋さん
言語材料：複数形

● 文房具屋さんと野菜屋さんで買い物をしましょう。Today's Recommendation（本日の
おすすめ）から１つずつ選び，手持ちの500円を有効に使いましょう。買い物上手は誰かな。

Today's Recommendation			
Stationery Store		Vegetable Store	
pen (s)	notebook (s)	carrot (s)	cabbage (s)
¥200	¥200	¥200	¥200
¥100	¥100	¥100	¥100

どちらの店になっても，
一方を100円，
もう一方を200円とし，
○で囲んでおく。

どちらの店かを言う。
毎回変えてもよい。

Clerk : Welcome to my 〔 Stationery / Vegetable 〕 Store.

Customer : Hello. One (　　　) and two (　　　), please.

片方を１つ，もう片方
を２つ注文する。

Clerk : OK. One (　　　) and two (　　　).

注文をくり返し，
合計金額を言う。

　　　　　{ Five hundred yen, please.
　　　　　{ Four hundred yen, please.

Customer : Here you are.

500円玉で支払う
イメージ。

合計金額によって
対応を変える。

Clerk : { 【500円の場合】 Thank you. Bye.
　　　　　{ 【400円の場合】 Thank you. Here's your change. Bye.

おつりをもらうごとに「100」
を○で囲んで，100円玉を集
めていきましょう。

100	100	100	100	100
100	100	100	100	100

Class　　　No.　　　Name

Training 12 ハンバーガーショップで
言語材料：複数形

●ハンバーガーショップで，食べ物や飲み物を購入しましょう。10ドルをぴったり使うのが目標です。ただし，このハンバーガーショップは，イートインなら料金が発生します。

hamburger	cheese-burger	fishburger	shrimp-burger	cola		shake		coffee	
				L	$　.00	L	$　.00	L	$　.00
$　.00	$　.00	$　.00	$　.00	R	$　.00	R	$　.00	R	$　.00

★ Eat in = $ 1.00

1ドルから4ドルまでの値段を自由に設定しましょう。
ただし，large（L）は regular（R）よりも高くすること。

食べ物と飲み物を1種類ずつ。数は自由。

このようなお店では，食べ物や飲み物も2以上は複数形（〜s）にする。

Customer：I want（数）（食べ物）and（数）（飲み物）, please.

Clerk：（数）（食べ物）and（数）（飲み物）.
　　　Which size do you want ?

注文をくり返し，飲み物のサイズをたずねる。

Customer：〔 Large. / Regular. 〕

Clerk：Eat in or take out ?

Customer：〔 Eat in. / Take out. 〕

「Eat in.」なら1ドル加算。

Clerk：Here you are. That's (　　　　) dollars.

合計金額を計算して言う。

金額	$6	$7	$8	$9	$10	$11	$12	$13	$14
得点	6	7	8	9	10	9	8	7	6

表の上の換算表を見て，あなたの得点を記入しましょう。10ドルに近い買い物をした方が高得点。

店員の名前				
得　　点				

Training 13 いくつ持ってる？何匹飼ってる？
言語材料：How many 〜？/ any

●あなたが所有している物をまず話題として投げかけ，そこから会話をつなぎながら，話し相手が持っている（飼っている）数を調べましょう。

あなたにあてはめて，それぞれの数を下の枠に書きましょう。

今持ってきている		家で所有している	
eraser(s)	book(s)	pet(s)	watch(es)
個	冊	匹	個

あなたが持っている物どれかを話題にする。

A：I have （数）（　　　s）．

B：Oh, really ?

A：Do you have any （　　　s）?

そのまま同じものを話題として続ける。

B：{ Yes, I do.
　　{ No, I don't.

【Bが「Yes」なら】**A**：How many （　　　s）do you have ?

　　　　　　　　B：I have （数）（　　　s）．

【Bが「No」なら】**A**：Oh, you don't have any （　　　s）．

　　　　　　　B：Right. { But I want one.
　　　　　　　　　　　　{ And I don't want one.

あなたの気持ちを付け加える。

会話終了後に，話題にした物とその数の枠に話し相手の名前を書き入れ，ななめビンゴを目指しましょう。

	0	1	2	3
eraser(s)				
book(s)				
pet(s)				
watch(es)				

Class　　　　No.　　　　Name

Training **14** 筆箱の中身を整えよう！
言語材料：How many 〜? / any

●みなさんの筆箱の中に4種類の文房具が入っていますが，その数が「0」「0」「6」「8」個
とします。これを消しゴム2，定規1，鉛筆4，蛍光ペン3となるように整えましょう。

> まずは数名でワークシートを
> まわし，1本または2本の線
> を入れましょう。そのあみだ
> くじで決定した最初の数を上
> の空欄と下の表の一番左に書
> き入れましょう。

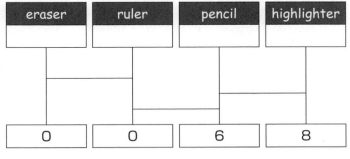

> どの文房具を話題
> にするかは自由。

A：How many (　　　　s) do you have ?

【Bが持っていない場合】

　　B：Sorry. I don't have any (　　　　s).

　　A：Oh, that's OK.

【Bが持っている場合】

　　B：I have (数) (　　　s).

　　　　How many (　　　s) do you want ?

　　A：I want (数) (　　　s).

> 相手が残すべき数も考え
> て要求しないと，"No."
> と言われる。

　　B：{ 【あげてもいいなら】 OK.
　　　　　【あげるのが嫌なら】 No, thank you.

────── ここにあみだくじで決定した数を入れる。

> 上の段には「＋2」「−3」
> など，もらったりあげたりし
> た数を書き，下の段にはその
> 結果いくつになったかを書き
> 入れましょう。

eraser						2
ruler						1
pencil						4
highlighter						3

Training 15　趣味に合ったプレゼントができるかな？
言語材料：疑問詞 what（be 動詞）

●あなたは５冊の本を持っています。相手の人の趣味を聞いて，５冊の中から最も喜んでもらえそうなものを１冊選んでプレゼントしましょう。

> 右から持っている本を5冊選び，○で囲みましょう。

sports　　music　　anime　　art　　reading　　shopping

sports　　music　　anime　　art　　reading　　shopping
fashion　　traveling　　cooking　　the Internet　　fishing
collecting (　　s)　　watching movies　　watching TV
playing games
*animals　　*insects　　*plants　　*cars　　*trains
*comic books

> あなたの趣味として答えるものを上の中から選んでおきましょう。ただし，＊印の語句は「I like」で答えましょう。

A : What's your hobby ?

B : { My hobby is (　　　　).
　　　 I like (　　　　) .

A : { Oh, your hobby is (　　　　).
　　　 Oh, you like (　　　　).
　　This is a present for you.

> 相手の内容をくり返す。

> 相手の趣味や好みに最も近いと思われる本を5冊から1冊選んで言う。

B : What's this ?

A : It's a book about (選んだ５冊のうちの1冊).

B : { 【自分の趣味と完全に一致していたら】Oh! Thank you so much.
　　【自分の趣味と一致していないがそれも好きなら】
　　　　Oh! I like (もらった本のジャンル), too.
　　【興味のない本なら】I see.

> プレゼントした本が相手の趣味と完全一致なら３点，一致していないがそれも好きなら２点，興味のない本なら１点。

話し相手					合　計
得　点					

Class　　　No.　　　Name

Training **16**　近くのレストランで昼食をとろう！
言語材料：疑問詞 what（be 動詞）

●そろそろ昼食の時間です。相手の好きな食べ物を聞いて，その好みに合わせたお店（あなたの住んでいる付近や市内にあるレストランや飲食店）に誘ってみましょう。ただし，コンビニやスーパーでの購入はしないこととします。

My favorite food is (　　　　　).

> 会話の前に，あなたが好きな食べ物を２つ決めておき，相手がどんなお店をすすめてくるか予想しておきましょう。

相手がすすめそうな店	それに対するあなたの反応
	That's a good idea.
	Sounds nice.

My favorite food is (　　　　　).

相手がすすめそうな店	それに対するあなたの反応
	That's a good idea.
	Sounds nice.

A：What is your favorite food ?

B：My favorite food is (　　　　).

> 相手の好みをくり返す。

A：Oh, You like (　　　　). I know a good restaurant.

B：Really? What's the name of the restaurant ?

A：It's (　　　　). Let's go now.

> 相手の好みに合った場所をとっさに考えて提案する。

B：⎰ That's a good idea.
　　⎱ Sounds nice.
　　【予想外なら】OK.

> 相手の返答が "That's a good idea." なら３点，"Sounds nice." なら２点，"OK." なら１点。

話し相手						合　計
得　点						

Training 17 　誕生日に欲しいプレゼントを聞き出そう！
言語材料：疑問詞 what（一般動詞）

●会話する相手の誕生日が近いことを想定します。相手が欲しい物や好きな色を聞き出しましょう。でも，おこづかいをあまり使いすぎないように気をつけないとね。

品物	cap	bag	T-shirt
価格	¥　　,000	¥　　,000	¥　　,000

色	blue　　purple　　red yellow　　green　　pink orange　　white　　gray brown　　black

３つの品物に¥2,000，¥3,000，¥4,000の値段を１つずつつけておきましょう。相手はどの品物を欲しがるかな？

A : What do you want for your birthday ?

B : Oh, thank you.
I want a (　　　　).　３つの品物のうち１つを選ぶ。

A : What color do you like ?

B : I like (　　　　).　好きな色を言う。

A : I see.
So you want a (色) (物).　相手の欲しい物を再確認する。

B : That's right.　But are you sure ?

A : Of course.

話し相手	プレゼント代
	¥　　,000
	¥　　,000
	¥　　,000
	¥　　,000
	¥　　,000

聞いたからには，５人の相手にプレゼントします。必要な合計金額を書きましょう。
金額が少ない方がいいね。

合計金額　¥　　,000

Class　　　No.　　　Name

Training **18** 友だちの生活状況調査をしよう！
言語材料：疑問詞 what（一般動詞）

●友だちの生活状況調査をしてみましょう。話題とするのは，朝食のメニューと夕食後にする
ことです。あなたが最初に予想したことが当たるかな。

【朝食のメニュー】

rice	bread	cereal	salad	eggs
natto	sausages	soup	fish	ham
juice	coffee	milk	fruit	

【夕食後にすること】

watch TV	talk with my family
read books	play with my phone
play games	take a bath　　study

> それぞれから予測するものを
> 3つずつ選んで○で囲みまし
> ょう。相手がその回答を言う
> ごとに1点ずつ入ります。

A : What do you have for breakfast.

B : I have (　　　), (　　　) and (　　　).

> 3つほど
> 答える。

> どれでもよいので，相手
> が言わなかったものにつ
> いて1つ聞いてみる。

A : How about （ Bが言わなかったもの ）?

B : { Sometimes.
{ I don't have it.

> この質問で "Sometimes."
> と相手が答えれば，ボーナス
> ポイント1点獲得。

A : What do you usually do after dinner ?

B : I (　　　　　), (　　　　　　) and go to bed.

A : I see. Thank you.

話し相手					合　　計
朝　食					
ボーナス					
夕食後					

Training 19　おむすびとパンを売り歩こう！
言語材料：疑問詞 what（一般動詞）

●あなたは手作りのおむすびとパンを売り歩きます。さて，たくさん売るには，おむすびとパンの中にどんな具材を入れればよいか考えましょう。

おむすびとパンそれぞれに，あなたが入れようと思う具材を１つずつ選び，○で囲みましょう。

riceballs		bread	
	tarako		jam
	umeboshi		cream
	salmon		curry

A : What do you have in your basket ?

B : I have 〔 riceballs / bread 〕.　　会話ごとにどちらをすすめてもよい。
　　What do you want in your 〔 riceballs / bread 〕?

A : I want (　　　　). ◁ 相手が持っているものに合わせて具材を１つ選ぶ。

B : { 【持っている品なら】 OK.　Here you are.
　　　 { 【持っていない品なら】 Sorry, I don't have it.

おむすびとパンが売れるごとに１つずつ下の絵を消していきましょう。10個全部売れるかな。

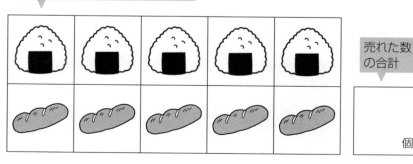

売れた数の合計

個

44

Class　　　　No.　　　　Name

Training **20**　相手の好きなことをくわしく知ろう！
言語材料：疑問詞 what（一般動詞）/ What kind of ～？

●暇な時間をどのように過ごすかを話題にします。そこから，特に好きなジャンルを聞き出し，会話をつないでいきましょう。

music	games	books	TV programs
classical music	action	mysteries	quiz shows
rock music	puzzle	love stories	dramas
J-Pop	sports	essays	news
K-Pop	simulation	comics	variety shows
Western music	RPG	adventures	documentaries
dance music		Sci-Fi*	anime
hip-hop			

*Scierce Fiction の略

A : What do you do in your free time ?

B : I { listen to music.
        play games.　　　どれか1つ答える。
        read books.
        watch TV.

A : What kind of 〔 music / games / books / TV programs 〕
    do you like ?　　　相手の答えに応じてたずねる。

B : I like (好きなジャンル).

相手の好きなジャンルに応じて，音楽ならアーティスト名，ゲームや本ならタイトル，テレビなら番組名でたずねる。

A : So do you 〔 listen to / play / read / watch 〕 (　　　　)?

B : { Yes, I do.
      Sometimes.
      No, I don't.

相手の答えが "Yes, I do." なら3点，"Sometimes." なら2点，"No, I don't." なら1点。

話し相手					合　　計
得　点					

Training 21 先生たちのこと，どれくらい知ってるかな？
言語材料：三単現 〜s / does, doesn't

●今日は，５人の先生たちの情報を手に入れてきました。みなさんはどれくらい先生たちのことを知っていますか？　まずは予想して表をうめましょう。

　→では，どの先生の情報を最初に入手するか考えてください。１人ずつ情報を見せますので，１回だけ顔をあげてください。

A : Do you know about 〔 Mr. / Ms. 〕 (　　　) ?

B : { Yes, I do.
　　{ No, I don't.

	英語	ペット	兄弟	姉妹
先生				
先生				
先生				
先生				
先生				

A : Does 〔 he / she 〕 like English ?

B : { Yes, 〔 he / she 〕 does.
　　{ No, 〔 he / she 〕 doesn't.

A : Does 〔 he / she 〕 have any pets ?

B : { Yes, 〔 he / she 〕 does.
　　{ No, 〔 he / she 〕 doesn't.

「英語（が好きか）」「ペット（を飼っているか）」の欄には○×を，「兄弟」「姉妹」の欄には予想する人数を書きましょう。

【Bの答えが「Yes」なら】 A : What does 〔 he / she 〕 have ?
　　　　　　　　　　 B : 〔 He / She 〕 has (数) (動物).

A : How many brothers or sisters does he(she) have ?

B : { 〔 He / She 〕 has (数) (兄弟姉妹).
　　{ 〔 He / She 〕 has (数) brother(s) and (数) sister(s).
　　{ 〔 He / She 〕 doesn't have any brothers or sisters.

問正解

Class　　　No.　　　Name
_____

Training **22**　その公園にはどんな遊具があるの？
言語材料：三単現 〜s / does, doesn't

●友だちを公園に誘いましょう。でも，その公園にどんな遊具があるかによって，友だちは今
ひとつ乗り気にならない反応をします。気持ちよく公園に行けるといいですね。

公園の名前 Park	a slide	a seesaw	a jungle gym	swings	pull up bars

好きな名前を
つけましょう。

5種類の遊具のうち，友だちを誘う公園に
ある遊具を4つ決め，○をつけましょう。

A：Are you free on Sunday ?

B：Yes, I'm free.

A：Let's go to (好きな名前) Park.

B：Does the park have (　　　　)？ ◁ あったらうれしいと思う
遊具についてたずねる。

A：{ Yes, it does.
　　　No, it doesn't.

B：Does it have (　　　　)？ あれば，もう1つ別の遊
具についてもたずねる。

A：{ Yes, it does.
　　　No, it doesn't.

B：{ 【2つの遊具とも「Yes」なら】 Yes, Let's go to (　　　　) Park.
　　　　　【「No」の答えがあれば】 Well ... I want (　　　　). ◁ 残念ながらない
遊具を言う。

相手が乗り気
になれば2点，
ならなければ
1点。

話し相手					合　計
得　点					

Training 23　外国人に日本の有名人やキャラを紹介しよう！
言語材料：疑問詞 who

●日本人（B）は外国人（A）に日本の有名人やキャラについて紹介します。ところが，外国人
　（A）は，紹介した2人のうち1人を知らないようなので，さらにくわしく説明しましょう。

各ジャンルで2人ずつ好きな人
物やキャラを書きましょう。
書けないものは最初の質問で
"No, I don't." と答えましょう。

sport player	singer	anime character
①	①	①
②	②	②

A : Do you like 〔 sport / music / anime 〕 ?

「No」なら別のジャンルをたずねる。

B : { Yes, I do.
　　 { No, I don't.

相手が「Yes」と答えたジャンルに合わせて会話を続ける。

A : Who is your favorite

　　〔 sport player / singer / anime character 〕 ?

B : My favorite 〔 sport player / singer / anime character 〕

　　is (①). And I like (②), too.

片方は知らない
ことにする。

A : Oh, I know (　　　　), but I don't know (　　　　).

即興で説明
する。

　　Who is (　　　　) ?

B : {

【sport player の場合】{ 〔 He / She 〕 is a (種目) player in (国).
　　　　　　　　　　　 { 〔 He / She 〕 is a (種目) player of (チーム).

【singer の場合】{ 〔 He / She 〕 is a member of (グループ名).
　　　　　　　　 { 〔 He / She 〕 sings (曲名).

【anime character の場合】

　　〔 He / She 〕 is a (main) character in (作品名).

A : I see.

印象に残ったことを英語
で表しましょう。

Class　　　No.　　　Name

Training **24** 招待されたお家で見つけた素敵な物
言語材料：疑問詞 whose

●AはBを自分の家に招待します。BはAの家に置いてある物を見つけ、「かっこいい！」「素敵だね」などとほめてくれます。自分の物がほめられるといいですね。

guitar		bike	

それぞれの物について、1つは自分の物（mine）とし、もう1つは家族の物（my ～'s）として、書きましょう。

A : Welcome to my home.
　　Come on in.

B : Thank you.

まずは家の中にあるどちらかのギターをほめる。

　　Wow! This (red / white) guitar is very cool !
　　Whose guitar is this ?

あなたの物か家族の物かによって返答を変える。

A : { It's mine. Thank you.
　　{ It's my (　　　　　's). This (red / white) one is mine.

B : That (black / blue) bike is very nice !

今度は、窓の外を見て自転車をほめる。

　　Whose bike is that ?

あなたの物か家族の物かによって返答を変える。

A : { It's mine. I like it, too.
　　{ It's my (　　　　　's). That (black / blue) one is mine.

それぞれの物について、あなたの物をほめられたら2点、家族の物なら1点。

話し相手						合　計
得　guitar						
点　bike						

Training 25　君のいる場所は今何時？
言語材料：What time 〜?（be 動詞）

●日本にいるBは，世界一周旅行中のAに電話をします。Aが言う時刻から，今Aがいる場所を言い当てましょう。

日本にいるBは，時刻①を使ってもいいし，時刻②を使ってもいいです。
先生が発展編をすると言った時は，どんな時刻を見ても，時差から計算するしかないですよ。

国または都市	差	時刻①	時刻②
New Zealand	+3	1:00pm	11:00pm
Sydney(Aus)	+1	11:00am	9:00pm
Japan	0	10:00am	8:00pm
Singapore	-1	9:00am	7:00pm
India	-3.5	6:30am	4:30pm
Moscow(Rus)	-6	4:00am	2:00pm
Egypt	-7	3:00am	1:00pm
France	-8	2:00am	12 noon
London (UK)	-9	1:00am	11:00am
Brazil	-12	10:00pm	8:00am
N. Y.(USA)	-14	8:00pm	6:00am
L. A.(USA)	-17	5:00pm	3:00am
Hawaii(USA)	-19	3:00pm	1:00am

A：Hello?

B：Hello, (Aの名前)？
　　This is (自分の名前).

A：Hi, (Bの名前).

B：How is your trip around the world ?

A：It's 〔 wonderful / fantastic / amazing 〕!

感想を表す言葉もいろいろなものを使ってみよう。

B：Sounds 〔 great / good / nice 〕.
　　It's (時刻) in Japan now.
　　What time is it ?

日本の時刻に合わせて，あなたがいる場所の時刻を言う。

A：It's (時刻) here.

B：So are you in (Aの場所) now ？

相手のいる場所を確認する。

A：{ Yes, I am.
　　{ No, I'm not. I'm in (自分の場所).

会話の前にあなたが行きたい場所を5つ選んでおきましょう。そこに友だちがいたら下に名前を書きます。5か所とも見つけられるかな？

行きたい場所					
そこにいた人					

Class　　　No.　　　Name

Training **26** 起床時刻と就寝時刻を比べよう！
言語材料：What time 〜?（一般動詞）

●あなたが起きる時刻と寝る時刻を友だちと比べてみましょう。自分の起きる時刻や寝る時刻
は友だちから見たらどんなイメージなのかも下の棒グラフにしてみましょう。

A：What time do you (usually)〔 get up / go to bed 〕?
B：I〔 get up / go to bed 〕at (　　　　　).

起床時刻と就寝時刻のどちら
からたずねてもよいが，役割
交代すれば，話題を変える。

Bの返答を聞き，あなた
と比較した感想を言う。

A：
- Me, too.
- Oh, you〔 get up / go to bed 〕
  - very early.
  - a little early.
  - a little late.
  - very late.

【"Me, too." 以外の答えなら】

B：How about you ?
A：I (usually)〔 get up / go to bed 〕at (　　　　　).

B：Oh, that's
- very early.
- a little early.
- a little late.
- very late.

友だちの感想を聞くごとに左か
らマス目を塗っていき，あなた
の起床時刻や就寝時刻は，友だ
ちから見てどうなのか，棒グラ
フにしてみましょう。

起床時刻							
	very early						
	a little early						
	Me, too.						
	a little late						
	very late						

就寝時刻							
	very early						
	a little early						
	Me, too.						
	a little late						
	very late						

Training 27 見て，見て！新しい物を買ったよ！
言語材料：疑問詞 which （be 動詞）

●Aは，新しく購入した物があり，うれしそうです。少し離れた場所にある物を指し，「見て！」と言うのですが，そこには同じ物が２つあるので，どちらを指しているのかわかりません。

それぞれの物について，どんな色があなたの好みで，どんな色があまり好みではないですか？
会話の前に記入しておきましょう。

新しい物	好きな色	好まない色
bike		
car		
surf board		
yacht		

A : Hey, look at my new (　　　　).
　　It's over there.

４つのうちどれを言ってもよい。会話ごとに変えてもよい。

相手が言った物に合わせて言う。

B : I see two (　　　s) over there.
　　One is (色) and the other is (色).
　　Which is your (　　　)?

あなたが上の表に記入した２つの色を言う。

A : The (色) one is mine.

その場でとっさに考えて答える。

B : ｛ 【好きな色なら】 Oh, that's pretty cool!
　　　 【好まない色なら】 That's good.

相手があなたの物をほめてくれたら２点，反応が今ひとつなら１点。

話し相手						合　計
得　点						

Class　　　No.　　　Name

| Training | **28** | モーニングセットでポイントをためよう！ |

言語材料：疑問詞 which（be 動詞・一般動詞）

●メインの食事とサイドメニューをそれぞれ選び，モーニングセットを注文します。注文する
　内容によってお店がラッキーポイントをつけてくれるので，ポイントをためていきましょう。

Staple Food				Side Menu			
rice		bread		salad		cake	
umeboshi	furikake	jam	butter	fork	chopsticks	tea	coffee

↑ 「Staple Food」「Side Menu」それぞれにつき 1・2・3・4ポイントを1つずつつける。

Clerk : Which is your favorite, rice or bread ?

Customer : (　　　　) is.

Clerk : Which do you use { on rice, *umeboshi* or *furikake* ?
{ on bread, jam or butter ?

客の注文に応じて

Customer : I use (　　　　).

Clerk : Which do you choose, salad or cake ?

サイドメニューの
注文を聞く。

Customer : I want (　　　　).

Clerk : Which do you { use, a fork or chopsticks ?
{ have with cake, tea or coffee ?

Customer : { I use (　　　　).
{ I have (　　　　).

客の注文に応じて

合計ポイントを言う。

Clerk : OK. Here you are. Your lucky point is (数).

店員は，客の注文を聞
きながらポイントをメ
モしていくといいよ。

店員の名前						合　計
ラッキーポイント						

Training 29　誕生日から話題をつないでいこう！
言語材料：疑問詞 when（be 動詞）

●誕生日を聞き合うだけでなく，その季節の会話にまで発展させる練習をしましょう。

誕生日から季節を話題にする際，あなたはその季節にどんなことを楽しんでいるか話すために，前もって準備しておきましょう。

I enjoy	in spring.
I enjoy	in summer.
I enjoy	in fall.
I enjoy	in winter.

A : When is your birthday ?

B : My birthday is (Bの誕生日).

OPTION

「今日」または「Bの誕生日」に近ければ，これらのオプションも入れる。

【今日と前後1か月以内なら】

　　A: Happy birthday.

　　B: Thank you.

【Bの誕生日と前後1か月以内なら】

　　A: Your birthday is close to my birthday.

　　B: Oh, really ?

A : So your birthday is in (季節).

B : Yes, it is.

A : I like (その季節).

　　Because I enjoy (　　　　) in (その季節).

B : I see.

会話した人の誕生月を消していきましょう。全部の月がそろうかな。
（季節は会話で使用する際の参考です。）

season	spring			summer			fall			winter		
month	3	4	5	6	7	8	9	10	11	12	1	2

Class　　　No.　　　Name _____

Training 30 帰宅後の生活はどんな感じ？
言語材料：疑問詞 when（一般動詞）

●友だちは家に帰ってからどんなことをしているのでしょう。何をするかだけでなく，具体的
にいつするのかも疑問詞 when を使って聞き出してみましょう。

		dinner				go to bed

play games / read books / study / watch TV / listen to music / take a bath /
talk with my family / use my smartphone →会話の相手側は my を your にして使う。

> まずは，帰宅後の生活について，たいていどんなことをするのかを選び，上の太枠に書き込みましょう。

A : What do you (usually) do at home ?

B : I (usually) (主なもの，特徴的なものを1つ).

A : When do you (Bが答えたこと)?

B : I (答えたこと)

〔 before dinner / after dinner / before I go to bed 〕.

A : Do you (　　　　　)?

> 別のことについてもたずねてみる。なるべく下の表がうまっていくように質問する方がいいかも。

B : { Yes, I do.
　　　　 No, I don't.

【Bの答えが「Yes」なら】

　A : When do you (　　　　　)?

　B : I (　　　　)

　〔 before dinner / after dinner / before I go to bed 〕.

> 会話する前に，多くの友だちが答えそうなことを2つ選び，上の太枠に書き込みましょう。会話を終えるごとに，あてはまる友だちの名前を書いていき，6つの枠をうめましょう。

2つ選ぶ→		
夕食前		
夕食後		
寝る前		

Training 31 サッカーの試合，どこから観戦する？
言語材料：疑問詞 where（be 動詞）

●サッカーの夢のイベント「全日本×世界選抜」の試合が行われます。チケットを売る側の立場となり，各エリアの特長から値段を考え，少しでもチケットの売り上げを伸ばしましょう。

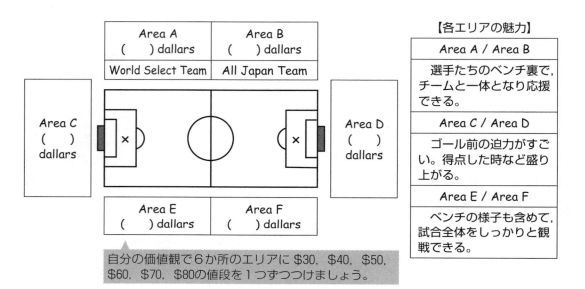

Area A / Area B
選手たちのベンチ裏で，チームと一体となり応援できる。
Area C / Area D
ゴール前の迫力がすごい。得点した時など盛り上がる。
Area E / Area F
ベンチの様子も含めて，試合全体をしっかりと観戦できる。

自分の価値観で6か所のエリアに $30，$40，$50，$60，$70，$80の値段を1つずつつけましょう。

Clerk : Where is your favorite seat ?

Customer : My favorite seat is Area (　　). ← 毎回変えてよい。
　　　　　　How much is it ?

Clerk : It's (　　　) dollars.

値段を聞いた自分の感想を言う。

Customer :
【高いと思ったら】 Oh, it's expensive. Here you are.
【納得の値段なら】 I see. Here you are.
【安いと思ったら】 I'm lucky. Here you are.

Clerk : Thank you.

客の名前						総売上
売り上げ	$	$	$	$	$	$

Class　　　No.　　　Name

Training **32** 近くに住んでいる人，どれだけいるかな？
言語材料：疑問詞 where（一般動詞）

●あなたならどちらの町のどのエリアに住もうと思いますか。あなたが住む場所を選び，友だちの住んでいる場所もたずねてみましょう。

あなたがどちらの町のどのエリアに住むか，8つの中から選んで，印をしておきましょう。

FLOWER TOWN
museum
City Hall
hospital	bank

RIVERSIDE TOWN
library	Post office
station	park

A：Where do you live ?

B：I live in (　　　　　TOWN).

A：Is your house near the (施設) ?

その町にある施設のどれかを選んでたずねてみる。

B：{ Yes, it is.
No, it's not. It's near the (施設).

Where do you live ?

A：I live in (　　　　　TOWN) (,too).

相手と同じなら「,too」を忘れずに。

My house is near the (施設) (,too).

B：{ 【すぐ近所なら】Oh, you live very close to my house.
【同じ町なら】Oh, we live in the same town.
【別の町なら】I see.

すぐ近所なら3点，同じ町なら2点，別の町なら1点。
（AB両者とも得点。）

話し相手					合　計
得　点					

Training 33 交換留学生に先生のことを紹介しよう！
言語材料：代名詞（目的格）

●本校に海外からの交換留学生がやってきました。まだ学校に慣れない留学生は，あなたに先生のことを聞いてきます。その先生の名前やあなたのイメージを紹介しましょう。

あなたが交換留学生になった時，どの先生を話題にするのか決めておきましょう。また，会話終了ごとに，その先生に対する話し相手のイメージをチェックしていき，すべての項目をチェックすることを目指しましょう。

話題にする先生			
Mr.		Ms.	
優しい	厳しい	優しい	厳しい
思う	思う	思う	思う
思わない	思わない	思わない	思わない

英語で言う自信のない教科名は事前にチェックしておきましょう。

国語	社会	数学	理科	英語

音楽	美術	保健体育	技術	家庭

Exchange Student : That teacher is 〔 Mr. / Ms. 〕 (先生の名前).
Right ?

Japanese Student : Yes. 〔 His / Her 〕 name is (先生の名前).
〔 He / She 〕 is a (教科) teacher. ◀ 話題になった先生の教科を紹介する。
Do you know 〔 him / her 〕 ?

Exchange Student : I only know 〔 his / her 〕 name.

Japanese Student : I know 〔 him / her 〕 well.

Exchange Student : Is 〔 he /she 〕 〔 kind / strict 〕 to us ?

Japanese Student :
  【そう思うなら】 I think so.
  【そう思わないなら】 I don't think so.

悪く聞こえそうな時はフォローする。 ▶ But 〔 he / she 〕 is a 〔 nice / good 〕 teacher.

Class　　　No.　　　Name

Training **34** 素敵なポストカードだね！
言語材料：代名詞（目的格）

● 2人の間で，片方の人が持っている絵はがきが話題になります。その絵はがきは誰に送るつもりのものなのか，または誰からもらったものなのか，話してみましょう。

送るつもりのものは↓でつなぎ，もらったものは↑でつなぎましょう。両方とも2本ずつとします。

John　　　　　　Nancy　　　　My hostfamily

A : This is a 〔 nice / pretty 〕 postcard.

B : Which one ?　　どちらを使ってもよい。

A : It's a picture of 〔 a cat / a dolphin / a flower / a bird 〕.

B : Oh, this is a letter { 【送る予定の絵はがきなら】 to (人物または家族).
　　　　　　　　　　　　 { 【もらった絵はがきなら】 from (人物または家族).

A : Really ?

　　相手の言った内容を代名詞を使って確認する。

　　So it's a letter { from 〔 you / him / her / them 〕
　　　　　　　　　　 { to 〔 you / him / her / them 〕.

B : { 【合っていれば】 Right.
　　{ 【間違っていれば】 No. It's a letter { from me to (　　　).
　　　　　　　　　　　　　　　　　　　　　 { from (　　　) to me.

あなたがAの時，スラスラ言えたら◎，つまりながら言えたら○，言えなかったら△。

話し相手				
自分の評価				

Class　　No.　　Name

Training 35 ずっと待ってるのに，何してるの？
言語材料：現在進行形

●AとBは，友だち数名で夜のイベントに出かける約束をしました。Aたちは約束通りに待ち合わせ場所へ着きましたが，Bは時間になってもやって来ません。AはBに電話をします。

それぞれの時間で，Bがやっていることを doing my homework, eating dinner, watching TV から1つずつ書きましょう。

6:30	I'm
7:00	I'm
7:30	I'm

A : Hey, we are waiting for you.
B : Oh, What time is it now ?
A : It's 〔 6:30 / 7:00 / 7:30 〕 now.
　　What are you doing ?

時間は，3つのうちからどれかを選んで言う。

B : I'm 〔 doing my homework. / eating dinner. / watching TV. 〕

相手が言った時刻にしていることを，あらかじめ決めてあった通り正直に話す。

【夕食か宿題なら】
　　A : Hurry up, please.
　　B : OK.
【テレビなら】
　　A : No way ! Come on !
　　B : I'm sorry.

夕食か宿題なら，強く言えないが，テレビなら怒ったように言う。

夕食か宿題なら2点，テレビを見ていて怒られたら1点。

| 話し相手 | | | | | 合　計 |
| 得　点 | | | | | |

60

Class　　　No.　　　Name _____

Training **36** あれ？大変だ！あの機材がないぞ！
言語材料：現在進行形

●オフィスで仕事をしていると，今から自分が使おうと思った機材が見当たりません。いったい誰がどこへ持ち出して使っているのでしょうか。周囲の人に聞いてみましょう。

それぞれの機材を今使用中の人と，その人がどこで使用中なのかを線で結んでおきましょう。

タブレット	・	・	Tom（男）	・	・	会議室
CDラジカセ	・	・	Sam（男）	・	・	近所のビル
ビデオカメラ	・	・	Jane（女）	・	・	わからない

A：What are you looking for ?

B：I'm looking for a

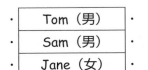
３つの機材のうちからどれかを選んで言う。

　　　　　　　〔 tablet computer / CD player / video camera 〕.

A：Oh, (使っている人) is using it.　　最初にあなたが決めた通りに言う。

B：Really ? I need it. Where is 〔 he /she 〕 using it ?

最初にあなたが決めた通りに言う。

【会議室で使用中の場合】

　　A：〔 He / She 〕 is using it in the meeting room.

　　B：I see. Thank you.

【近所のビルで使用中の場合】

　　A：〔 He / She 〕 is using it in the building over there.

　　B：Oh, I have no time.

【Aにもわからない場合】

　　A：Sorry, I don't know.

会議室なら近いので３点，近所のビルなら２点，場所がわからなければ１点。

　　B：Oh, no!

話し相手					合　　計
得　点					

Training 37　道案内，できるかな？
言語材料：命令文

●旅行客（traveler）と通行人（passenger）の役をしながら簡単な道案内の練習をし，道
　案内でよく使われる表現をマスターしましょう。

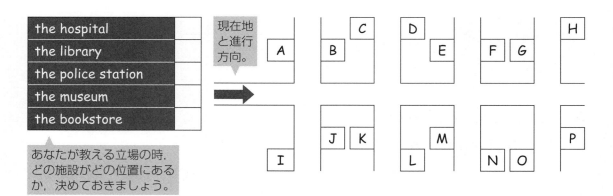

the hospital	
the library	
the police station	
the museum	
the bookstore	

現在地と進行方向。

あなたが教える立場の時，どの施設がどの位置にあるか，決めておきましょう。

Traveler : Excuse me. Where is the (施設名)？

5つの施設のうち，どれかをたずねる。

Passenger : OK. Go straight.
Turn〔right / left〕at the (序数) corner.
It'll be on your〔right / left〕.

あなたが決めておいた場所を説明する。

Traveler : Is it (アルファベット)？

Passenger :〔 Yes, it is.
　　　　　　　 No. it's (アルファベット).

説明を聞いて場所を確認する。

相手が間違えていたら，訂正する。

Traveler : Thank you.

Passenger : My pleasure.

会話の前に，あなたのラッキーアルファベットを7個決めておき，そこに施設があれば消していきましょう。いくつ消せるかな？

7つのうち消した数。

個

Class　　　　No.　　　　Name

Training **38** 教育相談で適切なアドバイスをしよう！
言語材料：命令文

●教育相談の場面です。先生は生徒に３つの質問をします。その内容を理解して，それに応じた適切なアドバイスをしましょう。

> 生徒は実際のことを言ってもいいし，作り話でもよい。

Teacher : Do you study hard ?

Student : I study (教科) hard, but I don't study (教科) so much.

Teacher : How about human relations ?

Student : I'm good to (人), but I'm not so good to (人).

> 「人」は，個人名を入れず，「my friend」「my parents」「my sister」「my brother」「my teacher」などを入れる。

Teacher : Anything else ?

> ７つのうち，どれかを選んで言う。

Student : Sometimes,

> I'm late for school. / I skip breakfast.
> I sleep in class. / I eat sweets too much.
> I play games
> I watch TV　　　　　　　 } for a long time.
> I play with my smartphone

> 生徒の話した内容に応じてアドバイスする。

> 「my」→「your」に注意。

Teacher : OK. So Study (教科) hard. Be kind to (人).
　　　　　 And don't (be) (やめた方がよいこと).

> 「be」が必要になるのはどの場合かな。

Student : I see. Thank you.

> あなたが先生の時，スラスラ言えたら◎，つまりながら言えたら○，言えなかったら△。

生徒役					
あなたの評価					

Training **39** 外国人に漢字の読み方と意味を教えよう！
言語材料：助動詞 can

●日本に来ている交換留学生は，漢字の読み方や意味に困っていることがあります。基本的な漢字について，日本人と交換留学生の役をしながらやり取りしてみましょう。

鳥	海	百	金				

基本的な漢字を空いている枠の中に自由に入れましょう。会話の時は，例として挙げたものを使ってもいいですし，あなたが書いたものを使ってもかまいません。

会話する時は，相手の人に漢字を見せながら行いましょう。

Exchange Student：Can you read this *kanji* letter ?

Japanese Student：Yes, I can. It's "_____".

日本語の読み方を言う。

Exchange Student：What does it mean ?

Japanese Student：It means "_____" .　英語での言い方を言う。

Exchange Student：I see. Thank you.

今度は日本人から問題を出すが，ここでは実際に漢字を見せる必要はない。

漢字で書ける日本語。上にある漢字でなくてもよい。

Japanese Student：Can you write "_____" in *kanji* letter ?

Exchange Student：Yes, I can. It means "_____" in English.

Japanese Student：That's right.

それぞれの役割で，スラスラ言えたら◎，つまりながら言えたら○。言えなかったら△。

話し相手					
留学生の時					
日本人の時					

Class　　　No.　　　Name

Training **40** 留学先で学校のルールを聞いてみよう！
言語材料：助動詞 can

●あなたは留学先の学校で現地の学生と話しています。学校の雰囲気は気に入っているのですが，「こんなことをする時はどこに行けばいいの？」と思うこともよくあるようです。

SCHOOL BUILDING	
4th floor	
3rd floor	
2nd floor	
1st floor	今いる場所

> 現在２人は，１階の教室で話しています。現地の学生となった時に説明するため，各階に music room, gym, cafeteria を書き入れましょう。

Japanese Student : Can I { play the guitar / practice dancing / eat lunch } here ?

> どれをたずねてもよい。

Local Student : Sorry, but you can't.

Japanese Student : Where can I { play the guitar ? / practice dancing ? / eat lunch ? }

Local Student : 【play the guitar なら】 In the music room.
【practice dancing なら】 In the gym.
【eat lunch なら】 In the cafeteria.

Japanese student : Can you take me there ?

Local Student : Sure.　It's on the (序数) floor.

> 最初に決めた階を答える。

> 近くに案内してもらう方が高得点。2階なら3点，3階なら2点，4階なら1点。

話し相手						合　計
得　点						

Training 41　この前の日曜日は外出した？
言語材料：一般動詞（過去形）/ did, didn't

●友だちとこの前の日曜日に何をしたかを話題に話を進めていきましょう。外出した場合としなかった場合で話の展開も変えていきましょう。

A : Did you go out last Sunday ?

B : { Yes, I did.
　　{ No, I didn't. I stayed (at) home.

あなたがこの前の日曜日にしたことを会話前にメモしておいてもかまいません。（先生の指示にしたがって）

【Bが外出した場合】

　　A : Where did you go ?

　　B : { I went to (　　　　).
　　　　{ I came to school.

　　A : What did you do there ?

　　B : I (　　　　　　　　).

外出したか家にいたかによって，会話の流れを変える。

【Bが家にいた場合】

　　A : What did you do at home ?

　　B : I (過去形…　　　　).

　　A : How long did you (原形…　　　　　) ?

　　B : For (　　) hours.

特に印象に残ったことを書き留めましょう。「誰がどんなことをしたか」だけでなく，外出なら「どこで」，家なら「何時間」かも書きましょう。

Class　　　No.　　　Name

Training 42 睡眠時間の調査をしよう！
言語材料：一般動詞（過去形）/ did, didn't

●先生は，最近の生徒の睡眠時間が気になるようです。昨晩の就寝時刻と今朝の起床時刻を答え，睡眠時間がどれくらいかを確認し合いましょう。予想した睡眠時間が当たっているかな。

生徒役になった時の回答をあらかじめ準備しておきましょう。ただし，時間はすべて30分区切りとしましょう。

| I got up at |
| I went to bed at |
| I slept for |

Teacher : What time did you go to bed last night ?
Student : I went to bed at (時刻).

Teacher : That's 〔 very early / good / too late 〕.　感想を言う。
　　　　　 What time did you get up this morning ?
Student : I got up at (時刻).
Teacher : That's 〔 very early / good / too late 〕.　感想を言う。

Student : { I had enough sleep.
　　　　　　 I didn't have enough sleep.　感想を言う。

相手の就寝時刻と起床時刻から睡眠時間を計算して言う。

Teacher : I see. You slept for (　　) hours (and thirty minutes).
Student : { Yes, I did.
　　　　　　 No. I slept for (　　) hours (and thirty minutes).

会話の前に，友だちの睡眠時間で多いと思うものを３つ準備しておき，当たっていれば右に名前を書いていきましょう。いくつの枠がうまるかな。

時間	分			
時間	分			
時間	分			

Chapter 3

中学2年の ダイアローグ・ トレーニング

Training 43　どんなことをしたの？その感想は？
言語材料：be 動詞（過去形）

●この前の土曜日（または日曜日）に，友だちがどんなことをしていたか質問しましょう。また，その時の気持ちや感想を予想してたずねてみましょう。

いつ	どこで	何をしたか	fun	exciting	boring	hard	relaxing
土曜日							
日曜日							

B になった時に答える内容をメモしておきましょう。また，A の最後の質問に対する反応も，①〜⑤の中から１つずつ近いものを選んでおきましょう。

A : Were you busy last 〔 Saturday / Sunday 〕？

B : { Yes, I was.
　　 No, I wasn't.

どちらを話題にしてもよい。

A : Where were you ?

B : I was in (at) (自分がいた場所).

A : What did you do there ?

B : I (一般動詞過去形を使った文).

相手の行動から気持ちを察し，どれか１つ選んでたずねる。

A : Was it 〔 fun / exciting / boring / hard / relaxing 〕？

B : {
① 「まさに。」 Absolutely.【5点】
② 「うん，そうだね。」 Yes, it was.【4点】
③ 「それほどでもないよ。」 Not so (相手の言ったこと).【3点】
④ 「そんなことないよ。」 No, it wasn't.【2点】
⑤ 「何でやねん。」 Are you kidding ? / Is this a joke ?【1点】

最初に準備していた反応をする。

あなたがAの時，Bの最後の反応によって得点が決まります。

話し相手					合　計
得　点					

Class　　No.　　Name

Training 44 電話したのに…何をしてたの？
言語材料：過去進行形

● Bは Aに電話をかけましたが，つながりませんでした。電話をかけ直したBは，少しでも早く伝えたいことがあったので，Aに「さっきも電話したのに何してたの？」とたずねます。Aの理由は許されるでしょうか？

その時刻のあなたの行動メモ（時刻は PM）			
7：00		7：30	
8：00		8：30	
9：00		9：30	

なるべく現実に近いように，その時刻にあなたがしていたと思えることを下から選びましょう。

あなたがBだった時に，「電話に出てくれなかったのも仕方ないな。」と思える理由を，5つ選び○で囲みましょう。

studying	talking with my family
reading	using the Internet
watching TV	playing games
taking a bath	playing sport
sleeping	eating dinner

A：Hello ?

B：Hello. This is (あなたの名前).
　　　I called you a while ago.

A：Really ? What time was it ?

B：At (時刻). What were you doing then ?

A：I was (～ ing から始めてその時刻にしていたこと).

B：{ 【仕方ないと思えるなら】 Really ? I see.
　　　【納得いかないなら】 Really ? I don't understand.

○で囲んだことかどうかで反応を変える。

Bに仕方ないと思ってもらえたら2点，納得してもらえなかったら1点。

話し相手						合　計
得　点						

Training 45　旅行のパートナーを見つけよう！
言語材料：未来形

● あなたはどの季節にどの国へ行きたいと思いますか。同じ時期に同じ場所へ行こうと思って
いる友だちを少しでも多く見つけ，旅行のパートナーになってもらいましょう。

右に与えられた4つの場所のうち3つを選び，どの時期に行きたいかを表に書きましょう。また，下の表にも同じ場所を書き込んでおきましょう。

行く時期	行く場所
this summer	
this winter	
next spring	

場所の選択肢
the UK
Canada
the USA
Australia

A：Are you going to visit (場所)？

B：$\begin{cases} \text{Yes, I am.} \\ \text{No, I'm not.} \end{cases}$

どこか1か所をたずねる。相手が「No」なら，別の場所で聞いてみる。

【Bが「Yes」で答えたら】

　　A：When are you going to visit there？

　　B：I'm going to visit there (行く時期)．

【Bと時期も一致すれば】

　　A：Me, too. Let's go together.

　　B：Yes, let's.

【Bと時期が違えば】

　　A：Have a nice trip.

　　B：Thank you.

行く場所と時期が一致したら，A，Bともにお互いの名前を書き入れていきましょう。
何人見つかるかな。

行く時期	行く場所	見つけたパートナー			
this summer					
this winter					
next spring					

Class　　　No.　　　Name

Training 46 週末の予定はどんな感じ？
言語材料：未来形

●友だちとやり取りしながら，お互いの週末の予定について話しましょう。

あなたの予定の
メモを作ってお
きましょう。

いつ	どこで	何をする（動詞の原形から）
next Saturday		
next Sunday		

A : Are you going to go out next 〔 Saturday / Sunday 〕?

B : ⎰ Yes, I am.
　　　⎱ No, I'm not.

どちらを聞いてもよい。

【Bが「Yes」で答えたら】

　　A : Where are you going to go ?

　　B : I'm going to go to (場所).

　　A : What are you going to do there ?

　　B : I'm going to (何をするのか).

【Bが「No」で答えたら】

　　A : What are you going to do at home ?

　　B : I'm going to (何をするのか).

A : ⎧ That sounds nice. 「いいね。」
　　　⎪ OK. Have fun. 「ぜひ楽しんで。」
　　　⎨ Do your best. 「がんばってね。」
　　　⎪ Great. 「すごいね。」
　　　⎩ That sounds boring. 「退屈しないの？」

相手の話す内容に
合うものを選んで
言う。

特に印象に残った友だちの予定
を英語で書きましょう。

Training 47　君は入国審査の秘密捜査官

言語材料：未来形

●あなたは，入国審査の秘密捜査官（officer）です。あなたには極秘の情報が届きます。その情報をもとに，不法入国者の可能性がある旅行客（traveler）を少しでも多く見つけ出してください。

自分に与えられた極秘情報を見て，不法入国の可能性がある各項目に情報を書き入れましょう。

宿泊場所	滞在期間	渡航目的
Hotel	for	

Officer : Show me your passport, please.

Traveler : Sure. Here you are.

係員は3つの質問をする。旅行客は，会話ごとに返答を変えてもよい。

Officer : Where are you going to stay ?

Traveler : I'm going to stay at 〔 Star / Rainbow 〕 Hotel.

Officer : How long are you going to stay ?

Traveler : I'm going to stay for 〔 three days / one week 〕.

Officer : What's the purpose of your visit ?

Traveler : 〔 Business / Pleasure 〕.

【疑惑が「1以下」なら】

入国を許可する。

Officer : Enjoy your stay.

Traveler : Thank you.

【疑惑が「2以上」なら】

入国を許可しない。

Officer : Sorry. You can't enter.

Traveler : Oh ! Why not ?

入国を許可したら○，許可しなかったら×を書きましょう。
右端に疑惑のある人物（×印）を何人見つけられたかを書きましょう。

話し相手						×の人数
○・×						

▶ 付録　極秘情報カード

君に告げられた極秘情報だ 不法入国者は次のような回答をする	
宿泊場所	Star Hotel
滞在期間	for three days
渡航目的	business
相手がこの回答なら疑惑あり	

君に告げられた極秘情報だ 不法入国者は次のような回答をする	
宿泊場所	Star Hotel
滞在期間	for three days
渡航目的	pleasure
相手がこの回答なら疑惑あり	

君に告げられた極秘情報だ 不法入国者は次のような回答をする	
宿泊場所	Star Hotel
滞在期間	for one week
渡航目的	business
相手がこの回答なら疑惑あり	

君に告げられた極秘情報だ 不法入国者は次のような回答をする	
宿泊場所	Star Hotel
滞在期間	for one week
渡航目的	pleasure
相手がこの回答なら疑惑あり	

君に告げられた極秘情報だ 不法入国者は次のような回答をする	
宿泊場所	Rainbow Hotel
滞在期間	for three days
渡航目的	business
相手がこの回答なら疑惑あり	

君に告げられた極秘情報だ 不法入国者は次のような回答をする	
宿泊場所	Rainbow Hotel
滞在期間	for three days
渡航目的	pleasure
相手がこの回答なら疑惑あり	

君に告げられた極秘情報だ 不法入国者は次のような回答をする	
宿泊場所	Rainbow Hotel
滞在期間	for one week
渡航目的	business
相手がこの回答なら疑惑あり	

君に告げられた極秘情報だ 不法入国者は次のような回答をする	
宿泊場所	Rainbow Hotel
滞在期間	for one week
渡航目的	pleasure
相手がこの回答なら疑惑あり	

Training 48 見せてほしい人と貸してほしい人
言語材料：SVOO（目的語が２つある文）

● Aは昨日欠席をしたためにノートを見せてほしいようです。Bは今日忘れ物をしてしまい、貸してほしいようです。さあ、お互いに助け合えるかな。

A : Can I ask you something ?

B : Yes, of course.

A : I was absent from school yesterday.
　　So please show me your notebook.

B : What subject ?

A : (教科).　　1つ選んで言う。

【Bが持っている教科なら】

　　B : Sure. Here it is.

　　A : Oh ! Thank you.

【Bが持っていない教科なら】

　　B : Sorry, I don't have it today.

　　A : I see. Thank you.

どちらか選んで言う。

B : By the way, I forgot my 〔 eraser / ruler 〕 at home.
　　So please lend me one.

【Aがいくつか持っている文房具なら】

　　A : I have some. I'll give you one of them.

　　B : Thank you so much.

【Aが１つしか持っていない文房具なら】

　　A : Sorry, I can't. I have only one.

　　B : I see. Thank you.

持っている教科
Japanese
math
science
English

いくつかある文房具
eraser
ruler

ノートを持っている教科２つに○、いくつかある文房具片方（１つ）に○をつけましょう。

Aになった時、Bになった時に関係なく、あなたが話し相手の友だちに助けてもらえたら２点、助けてもらえなかったら１点。

話し相手					合　計
得　点					

Class　　No.　　Name

Training **49** 同じカードのコレクターになろう！
言語材料：SVOO（目的語が2つある文）

●みなさんは，次の5種類のカードを手にしています。さあ，そのカードを友だちと交換し合いながら，トランプのポーカーのように，できる限り同じカードを集めてください。

欲しいカードが
ある場合。

最初はこれらの5種類のカードを手にします。どの動物を集めるか考え，友だちと交換し合いましょう。
ただし，1回の交換につき1枚ずつしか交換できません。

A : Could you give me a（欲しい動物）?

B :
【あげてもいいなら】Sure. / All right.
【持っていなければ】I'm sorry. I don't have one.
【持っているけどダメなら】No, I can't.

もらって欲しいカードが
ある場合。

A : May I give you a（いらない動物）?

B :
【もらってもいいなら】Thank you so much.
【自分もいらないなら】No, thank you.

◆得点換算ルール◆
・同じカード（1種類のみ）があれば，その枚数×10点。
・5枚より増減があると，1枚×−5点。
例★★★★★　　5×10点＝50点
　★★★★●　　4×10点＝40点
　★★★●●▲　3×10点−5点＝25点

最後に手元に残ったカードをもとに，左の得点換算ルールにしたがって，あなたの得点を記入しましょう。

最後に手元に残ったカード						得点

▶ 付録　動物カード

カードは１枚ずつ切り離して
使いましょう。

78

Class　　　No.　　　Name

Training 50　何をするためにそこへ行くの？
言語材料：to 不定詞（副詞的用法）

●あなたも話し相手も，この冬休みに旅行を計画中です。そして，その場所ならではの行動を計画しています。お互いの行く場所からその旅行の目的を言い当てましょう。

> 旅行したい場所を1つか2つ考え，そこに行く目的（その場所ならではの行動）を不定詞でメモしておきましょう。

行く場所	そこへ行く目的
	to
	to

A：Where will you visit this winter?

B：I'll visit (行く場所).

> Bは，行きたい場所が2か所ある場合はどちらかを言う。

A：Will you go there | to　　　　　　　　　 | ?

> 相手の答えた場所から，目的を推測してたずねる。

B：
① Yes, I will. / That's right.
② So close.
③ That's wrong.

> 相手の推測に応じて答える。

【1回目の質問でBの答えが②③ならもう一度聞く】

A：Will you go there | to　　　　　　　　　 | ?

B：
① Yes, I will. / That's right.
② So close.
③ That's wrong.

Aの時の得点ルール	
1回目の質問で①	5点
2回目の質問で①	3点
2回目の質問で②	2点
2回目の質問で③	1点

【Bは，2回目も②③で答えたら，正解を教える】

B：I will go there | to　　　　　　　　　 | .

> 上の得点ルールをもとに，あなたの得点を記入していきましょう。

話し相手						合　　計
得　点						

Training **51** あの場所で君を見かけたよ
言語材料：to 不定詞（副詞的用法）

●友だちから「○○で君を見かけたよ。何しに行っていたの？」と聞かれます。実際に行った
　という想定のもと，友だちが自分を見かけた場所にふさわしい目的を答えましょう。

in the ～	at the ～		
library / park	station / bookstore / supermarket / department store / museum / movie theater /convenience store / toy store / sports shop / gym		

相手を見つけた場所は，上から選び，会話ごとにいろいろ変えてみましょう。

いつのことかも考え，付け加える。

A : I saw you 〔 at / in 〕（店舗や施設）（いつのことか）.

B : Yes. I went there（いつのことか）.

相手が言った時をそのままくり返す。

A : Why did you go there ?

B : I went there | to 　　　　　　　　　　　　　 |.

その場所に応じた目的を考えて言う。

A : { I see.
　　 That's strange.

納得いくなら "I see."，納得いかないのであれば，"That's strange."。

B : Why were you there ?

逆に聞き返す。

A : | To 　　　　　　　　　　　 |.

B : { I see.
　　 That's strange.

相手が "I see." なら2点，"That's strange." なら1点。

話し相手					合　計
得点 Aの時					
点 Bの時					

Class　　No.　　Name

Training 52 希望のレストラン，近くにあるかな？
言語材料：to 不定詞（名詞的用法）

●友だちと昼食を食べに行くことになりました。でも，友だち（B）は土地勘がありません。
食べたい物を扱っているレストランが近くにあればいいですね。

一番右の「距離」の枠に，最後に答える①②③のいずれかを，1つずつ入れましょう。

restaurant	menu	距離
Korean	bibimbap / Korea pancake	
Italian	spaghetti / ravioli / risotto	
Mexican	tacos / salsa / totopos	

A : It's almost noon.

B : Yes. I'm so hungry.

A : Let's eat lunch.

B : Yes, let's.

A : Where do you want to go for lunch ?

B : I don't know much around here.
I want to go to a (　　　) restaurant.

3つのうちどれかを選んで答える。

A : A (　　　) restaurant ?
What do you want to eat ?

相手の言ったレストランをくり返す。

B : I want to eat (料理名).

最初に決めた通りの対応をする。

A :
① OK. It's close by. / It's near here.
② I see. Let's take a bus.
③ That's difficult. It's too far.

あなたがBの時，
相手が①を答えたら3点，
②を答えたら2点，
③を答えたら1点。

話し相手					合　計
得　点					

Training **53** あなたのその趣味はいつから？
言語材料：to 不定詞（名詞的用法）

●お互いに相手の趣味をたずね合いましょう。そして，それがいつ頃から趣味になったのかも
たずね，下の表にまとめましょう。すべての枠がうまるかな。

My hobby is to _____ .	
I like to _____ .	
To _____ is (____) for me.	

不定詞（名詞的用法）を用いて，自分の趣味（好きなこと）を3種類で表現してみましょう。2つ書きたい人は，右にも書いてみましょう。

A : What's your hobby ?

B : My hobby is [to _____] .

2つ考えた人は，どちらを答えてもよい。

A : So you like [to _____] .

相手に相づちを打つ。

B : Right. [To _____] is

〔 interesting / exciting / a lot of fun 〕 for me.

近いものを選んで言う。

A : When did you begin (start) [to _____] ?

B : I began (started) [to _____] (期間) ago.

A : { Oh, that's a long time.
　　　Oh, you're a beginner.

感想を言う。

相手の答えの内容から，当てはまる期間に名前を書いていきましょう。すべての枠がうまることを目指しましょう。

趣味の期間	友だちの名前
2か月以内	
半年以内	
2年以内	
5年以内	
10年以内	
10年以上	

Class　　　No.　　　Name

Training **54** 様子がおかしいけど，大丈夫？
言語材料：to 不定詞（形容詞的用法）

●友だちがいつもの様子と少し違います。心配して声をかけ，その友だちの状況に合わせて役
に立つ物を差し出しましょう。

あなたが右のような
状況の時，一番うれ
しい物を各項目から
1つずつ選んで，下
の表の「欲しい物」
の枠に書き入れまし
ょう。

hungry	thirsty	cold	bored
a rice ball	water	a scarf	a comic book
a banana	tea	a jacket	a magazine
a hamburger	juice	a coat	a newspaper

A : Something is wrong with you.
　　What happened ?

B : Yes. I'm very 〔 hungry / thirsty / cold / bored 〕.

どれか1つ
選んで言う。

相手の状況に
応じて言う。

A : So you want something to 〔 eat / drink / wear / read 〕.

B : Right. Do you have anything to 〔 eat / drink / wear / read 〕?

A : Yes, I do.
　　I have (3つのうちどれか1つ).
　　Here you are.

相手の欲しそうな
物を予測する。

B : Thank you for your help.

A : Not at all.

欲しい物を（貸して）くれた友だち
の名前を書いていきましょう。4つ
ともそろえることができるかな。

	食べ物	飲み物	着る物	読み物
欲しい物				
（貸して）くれた人				

Training 55　どうして無理なの？いっしょに解決しよう！
言語材料：to 不定詞（形容詞的用法）

●あなたが楽しめるいい場所を見つけました。さっそくそこに友だちを誘いますが，断られて
　しまいます。友だちが断った理由を聞き出し，いっしょに解決しましょう。

> どんな場所に誘うか，2つ
> ほど考えておきましょう。

(to)
(to)

A：I have a good place ┃to　　　　　　┃. So let's ┃　　　　　　┃.

B：Sorry. I can't.

A：Why ?

> Bは必ず時間かお金
> がないことを理由に，
> 誘いには乗らない。

【Bが時間がないことを理由にする場合】

　　B：I have no time ┃to　　　　　┃. I'm very busy.

　　A：Don't worry. I'll help you after that.

　　B：Oh, thank you.

> 時間があるなら
> 助けてあげる。

【Bがお金がないことを理由にする場合】

　　B：I have no money ┃to　　　　　┃. I'm broke.

　　A：Don't worry. I'll pay for it.

　　B：Oh, thank you.

> お金があるなら
> 助けてあげる。

【Aに時間またはお金がない場合】

　　B：(「時間がない」または「お金がない」ことを言う。)

　　A：Oh, well. Next time.

> あなたがAの時，Bを助けるごとに，時
> 間なら時計，お金なら硬貨を消しましょ
> う。いずれも2回しか使えません。早く
> 4つとも消すことを目指しましょう。

Class　　No.　　Name

 **56** 君が通っているのはどのハイスクール？
言語材料：have to / don't have to

●別の高校に通っている人と話しましょう。学校の決まりや習慣などを聞いて，相手の人がど
　のハイスクールに通っているのかを言い当てましょう。

先生マークは
「have to」，
生徒マークは
「don't have to」
を表します。自分は
どのハイスクールの
生徒になりたいです
か。
１つ選んで学校名を
○で囲みましょう。

High School	Sky	Lake	Sun	Apple	Green	Moon
① get up early						
② bring many textbooks						
③ do a lot of homework						
④ go to school on Saturdays						

A：How is your school life ?

B：It's very fantastic.

A：Do you have to (①〜④から１つ選ぶ) ?

学校のルールや習慣
について，２つの質
問をする。

B：{ Yes, I do.
　　No, I don't (have to).

A：Do you have to (①〜④から別のものを１つ選ぶ) ?

B：{ Yes, I do.
　　No, I don't (have to).

A：Are you a (　　　　) High School student ?

質問から得た２つの
情報をもとに学校名
を推測し，たずねる。

B：{ Yes, I am.
　　No, I'm not. I'm a (　　　　) High School student.

最後の質問で言い当てたら
２点，間違えたら１点。

話し相手					合　計
得　点					

Training 57　緊急にクライアントのところまで
言語材料：助動詞 must / mustn't

●突然，あなた（staff）の会社の上司（boss）が，緊急にクライアントのところへ届け物を
して欲しいと言い，あなたはそれを引き受けます。使用する交通手段の指示を間違いなく聴
き取り，確認しましょう。

Boss : Can anyone take this box to a client ?

Staff : OK. I will.

Boss : Thank you.

> 交通手段について説明する。どの色のバス
> （電車）なのかをイメージしながら言う。
> 「バス（電車）を使うけど，○色のには乗
> ってはダメ」という内容とする。

You must go to him by 〔 bus / train 〕.

But you mustn't use the 〔 yellow / green 〕 one.

It takes a long time.

> 上司の言う内容を
> まとめて確認する。

Staff : So I must use the 〔 yellow / green 〕 〔 bus / train 〕.

Boss : { Right. Hurry up.
{ No. You must use the 〔 yellow / green 〕 〔 bus / train 〕.

Staff : I understand.

> 間違っていたら
> 訂正する。

> あなたがスタッフの時，上司からの指示
> で使用した交通機関の下に，その時の上
> 司の名前を書きましょう。すべての乗り
> 物に乗ることを目指しましょう。

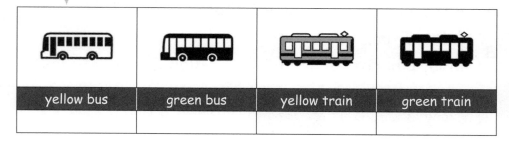

yellow bus	green bus	yellow train	green train

Class	No.	Name

Training **58**　フリーマーケットの品物に値段をつけよう！
言語材料：接続詞 that

●町のイベントで，友だちと一緒にフリーマーケット (free market) を出店することになりました。出品物の値段をどうするか定価と照らし合わせながら話し合いましょう。

まず，あなたなりに値段を考えておきましょう。
ただし，「十の位」と「一の位」は「0」とします。

出品物	T-shirt	bag	jacket
	ひと夏だけ着たTシャツ	2年間使ったエナメルかばん	3回しか着ていない上着
定価	¥3,000	¥5,000	¥8,000
値段	¥　00	¥　00	¥　00

A：Let's put a price on the (どれか品物1つ).

B：OK.　How much ?

あらかじめ考えておいた値段を提案する。

A：I think (that) (　　　　yen) is reasonable.

B：I think (that) it's
① too cheap.
② a little cheap.
③ reasonable, too.
④ a little expensive.
⑤ too expensive.

相手の提案とあなたの意見を比べて，一緒なら③，500円未満の差なら②④，500円以上の差なら①⑤

あなたの意見を言う。

【自分の答えが③以外なら，さらに】How about (　　　　yen)？

A：
【Bの答えが ③ なら】Sounds good.
【Bの答えが②④なら】OK.
【Bの答えが①⑤なら】Oh, that's a problem.

最後の質問で，Aの返答が "Sounds good." なら3点，"OK." なら2点，"Oh, that's a problem." なら1点が双方の得点となる。

話し相手						合　計
得点 1回目						
2回目						

Training 59　来月，校外学習に行くらしいよ！
言語材料：接続詞 that

●来月，私たちの学年が校外学習（field trip）に行くという話を耳にします。そこで，どの行き先ならどう思うかという，候補地に対するお互いのイメージを会話しましょう。

先生が近い場所と遠い場所それぞれ3つずつの候補地を言います。それらを書き込み，さらに下にある3つのイメージのどれに当てはまるかを，それぞれの目的地に1つずつ当てはめてみましょう。

近い場所		遠い場所	

① exciting　　② interesting　　③ helpful

· exciting ＝ わくわくさせる
· interesting ＝ 興味深い
· helpful ＝ ためになる

A：Good news for us !

B：What's that ?

A：Do you know (that) we'll go on a field trip next month ?

B：No, I don't.

どこを言ってもよい。

　　　But I hope (that) we'll go to (どこか1か所).

A：No. I hear (that) we'll go to (別の場所).

あえて残りの2つのどちらかを言う。

B：Really ?

　　　I think (that) it'll be (あなたのイメージ).

Aが言った場所に対するあなたのイメージを言う。

A：
【Bのイメージと同じなら】
　　I think so, too.
【Bのイメージと違うなら】
　　I think (that) it'll also be (あなたのイメージ).

イメージが一致すれば双方に2点，違っていれば1点ずつ加点。

得点	話し相手					合 計
	近い場所					
	遠い場所					

Class　　　No.　　　Name

Training 60　それなら今度，いっしょにやろうよ！
言語材料：接続詞 when

●暇な時どんなことをしているのかをお互いに話し，一致するものがあれば「今度いっしょに
やろうよ。」などと誘いましょう。気が合う友だちがたくさん見つかるかな。

> 会話の中で空所に入れるあな
> たが暇な時にすることを2つ
> メモしておきましょう。

| (I usually) |
| (I usually) |

A : What do you usually do when you're free ?

B : I usually (　　　　　) when I'm free. ⬅

　　When I (　　　　　), I'm very happy.

【好きでいっしょにできるものなら】

　　A : So let's (　　　　　) together next time.

　　B : Yes, let's. / Sounds nice.

【好きだけどいっしょにはできないようなものなら】

　　A : I like to (　　　　　), too.

　　B : We get on well together.

【あまり好きなことでないなら】

　　A : I don't like to (　　　　　) so much.

　　B : Then, what do you like to do when you're free ?

> 友だちが暇な時にすることで印象
> に残ったことを，接続詞 when
> を用いて書いてみましょう。

> ここまで来たら，
> AとB逆になって
> 2行目にもどる。

Training 61　君が探している物，見かけたよ！
言語材料：接続詞 when

●探し物をしていると，友だちがそれを見かけたと言ってくれます。その友だちは，何時頃どこでそれを見かけたのかたずねてみましょう。

探し物は6つあります。
会話ごとに変えていきましょう。

coat	thermos	pencil case
key	notebook	handkerchief

A：I'm looking for my (探し物).
　　Do you know anything about it ?

B：When I went to the (場所), I saw a (相手が探している物).

その都度下の表から場所を選び
ながら質問に答えていく。

A：Really ?
　　What time was it when you went to the (相手が見かけた場所) ?

B：Maybe, at (時刻).

その都度下の表から時刻を選び
ながら質問に答えていく。

A：Thank you.
　　I'll go there now.

相手に教えてもらった場所と時刻
のマスを消していきましょう。6
つの探し物の情報を得ながらビン
ゴを目指しましょう。

見かけた場所と時刻を聞いた
ものから消していきます。
6つとも聞けるようにがんば
りましょう。

coat	thermos	pencil case
key	notebook	handkerchief

TIME	PLACE		
1:30	music room	gym	science room
1:40	music room	gym	science room
1:20	music room	gym	science room

Class　　No.　　Name

Training 62 どんな天候でも，いっしょに遊ぼうね！
言語材料：接続詞 if

●友だちと明日遊ぶ約束をしましょう。でも，天候が晴れるかどうかわかりません。雨だった時の提案もしましょう。友だちの気持ちに合う提案ができるといいですね。

Aから提案された時，下の①②③のどの反応をするか，それぞれの天候の中で1つずつ選びましょう。

if it's sunny	if it rains
go shopping	play games
go cycling	watch videos
go hiking	eat and chat

A : Do you have any plans tomorrow ?

B : No. I don't have any plans.

晴れた時の提案をする。

A : So let's { go shopping / go cycling / go hiking } if it's sunny.

B : { ① Yes, let's. / ② Fine. / ③ If you go, I'll go. }

雨が降った時の提案をする。

A : But if it rains, let's { play games / watch videos / eat and chat } at my house.

B : { ① Yes, let's. / ② Fine. / ③ Sorry. I want to stay home if it rains. }

あなたがAの時，Bの反応が①なら3点，②なら2点，③なら1点。

話し相手					合　計
得点 晴れの時					
雨 の 時					

Training 63　先生にこんな言い訳，通用するかな？
言語材料：接続詞 because

●あなたはあるミスをしてしまい，そのことで「先生が怒っている」と友だちから伝えられます。先生に許してもらえそうな言い訳を友だちに相談しましょう。

それぞれのミスに対して，先生に許してもらえそうだと思う理由２つに○をつけ，許してもらえそうにないと思う理由１つに×をつけましょう。

してしまったミス	腹痛	多忙	疲労
昨日委員会に来なかった			
教室の掃除をしなかった			
今朝学校に遅刻した			

誰か先生の名前を入れる。

A：〔 Mr. / Ms. 〕(先生の名前) is angry

because 　{ you didn't come to the meeting yersterday.
　　　　　　 you didn't clean the classroom today.
　　　　　　 you were late this morning.

いずれか１つ選んで言う。

B：Oh no！/ Oh, my gosh！

A：What are you going to say to 〔 him / her 〕?

B：Well... I 〔 didn't / was 〕(先生が怒っている内容)

because 　{ I had a stomachache.
　　　　　　 I was very busy.
　　　　　　 I was very tired.

許してもらえそうな言い訳を選んで言う。

【Aが○をつけた理由なら】

　　A：I see.　If you say so,〔 he'll / she'll 〕understand.

【Aが×をつけた理由なら】

　　A：Are you serious？　If you say so,〔 he'll / she'll 〕get angry again.

あなたがBの時，Aが同意したら２点，同意しなければ１点。

話し相手					合　計
得　点					

Class　　　No.　　　Name

Training **64** 友だちと絵のセンスを比べ合おう！
言語材料：There 〜構文

●6枚の絵があります。みなさんは，絵の内容やレイアウトなどから，どの絵が一番センスが
　いいと思いますか。それぞれに得点をつけ，友だちの感性と比較してみましょう。

6枚の絵を見て，レイアウトなどセンスがいいと思う好みの順番に，5・4・3・2・1・0のポイントを左上につけましょう。

A : Which is your favorite picture ?

　　Is there a 〔 tree / rocket 〕 in the picture ?　　どちらか一方をたずねる。

B : { Yes, there is.
　　{ No, there isin't.

Bは，5ポイントに選んだ絵について答える。

A : Are there any 〔 rabbits / stars 〕?　　最初の質問の返答によって，どちらをたずねるかが決まる。

B : { Yes, there are.
　　{ No, there aren't.

A : How many 〔 rabbits / stars 〕 are there ?

B : { There are (数).
　　{ There is one.

相手が選んだ絵にあなたがつけたポイントが得点となります。

話し相手					合　計
得　点					

Training 65　一人暮らしのいい部屋が見つかるかな？
言語材料：There 〜構文

●留学先で一人暮らしをすることになりました。不動産業者の人 (real estate agent) に必要なことを質問しながら，自分の条件に合ったアパートの部屋 (apartment) を見つけましょう。

備え付けと周辺施設の中で絶対に必要な物に2つずつ，同じ建物の世帯数で希望する数に2つ○をつけましょう。

備え付け		周辺施設		世帯数	
	an air conditioner		convenience stores		5
	a fridge		supermarkets		20
	a washing machine		family restaurants		50
	wi-fi		bus stops		100

○をつけた物は，学生の時の欲しい物であると同時に，業者の時にすすめる物件の条件ともなります。

Agent : We recommend one room.

This is the picture of the room.

Student : Very nice! But can I ask you some questions ?

Agent : Sure.

Student : Is there (備え付けの物) in the room ?

必要と考える物があるかどうか，片方だけたずねる。

Agent : Yes, there is. / No, there isn't.

Student : Are there any (施設 〜s) around there ?

1問目と同じ。

Agent : Yes, there are. / No, there aren't.

Student : How many apartments are there in the building ?

Agent : There are 〔 5 / 20 / 50 / 100 〕 apartments.

2つ選んだうちのどちらかの数を答える。

Student : { 【3つのうち2つ以上条件が合えば】 OK. I'll take it.

【合う条件が1つ以下なら】 I'll pass this time.

契約成立で2点。不成立で1点。

話し相手						合 計
得点	業者の時					
	学生の時					

Class　　　No.　　　Name

Training 66 学級委員長として，先生と日程の確認をしよう！
言語材料：動名詞

●学校からバスに乗り，公園で1日レク大会をします。到着後，レクを始める前に，学級委員長 (leader in the class) として，先生と日程の確認をし，内容をしっかり掌握しましょう。

教師役をした時に，説明するため，午前の活動と午後の活動の内容を動名詞から始めてメモしておきましょう。
また，昼食やバス出発の時刻も決めておきましょう。

午前にするレク		午後にするレク	
ing		ing	
昼食開始	バス出発	あとかたづけ終了	
時　　分	時　　分	時　　分	

バス出発の10分前。

Teacher : Now, let's start ｜～ing (午前レク) ｜.

Leader : Mr. / Ms.(相手の名前), what time is our lunch time ?

Teacher : At (　　　　　　).

教師役が言った活動内容をくり返し，終了時刻を確認する。

Leader : So we have to stop ｜～ ing (午前レク) ｜ at (昼食の10分前).

Teacher : Right. And you can enjoy ｜～ ing (午後レク) ｜ after lunch.

Leader : What time will the bus leave here ?

Teacher : At (　　　　　　).
You have to finish cleaning up at (バス出発の10分前).

教師役が言った活動内容をくり返し，あとかたづけの終了時刻を確認する。

Leader : So we have to stop ｜～ ing (午後レク) ｜
at (かたづけ終了の20分前).

Teacher : Good !

学級委員長役の時，スラスラ言えたら◎，つまりながら言えたら○，言えなかったら△。

話し相手					
自己評価					

Training 67　健康診断の問診
言語材料：動名詞

●健康診断で，看護師（nurse）が受診者 (medical examinee) に問診 (interview) を行います。受診者は生活習慣の良いところと改善すべきことを伝え，看護師はそれらに適切な対応をしましょう。

健康に良いこと	I
健康に良くないこと	I (don't)

日常習慣の中で，健康に良いと思うことを肯定文で，良くないと思うことを肯定文または否定文でメモしておきましょう。

Nurse：What do you do for your health ?

Examinee：I (　　　　　　　　　　　　　).

受診者の話す内容を聞いて同意する。

Nurse：That's nice !　| ～ ing |　is good for your health.
Then, do you have any bad habits ?

Examinee：〔 I / I don't 〕(　　　　　　　).

受診者の話す内容に応じて適切な方を選び，アドバイスをする。

Nurse：
【相手が「I ...」を使ったら】
So you have to stop | ～ ing |.
【相手が「I don't ...」を使ったら】
Really ? | ～ ing | is very important.

Examinee：I see.　Thank you.

看護師役の時，スラスラ言えたら◎，つまりながら言えたら○，言えなかったら△。

話し相手				
自己評価				

96

Class　　No.　　Name

Training **68** 所要時間と料金，どちらを優先して乗る？
言語材料：比較（比較級の基本）

●週末に行く予定をしている目的地へは，どの鉄道を使えばよいか，地元の知人に相談をする
　と，その人は2つの鉄道会社を紹介してくれます。さあ，何を優先してどちらに乗ろうかな。

目的地	鉄道会社	速さ	安さ
North Town	Top Railway		
	Jet Railway		
East Town	Gold Railway		
	Blue Railway		

> それぞれの行き先に対して2種類の鉄道会社がありますが，その速さと安さは正反対の関係にあります。あなたが地元の人になって教える時のために，片方に○，片方に×を書きましょう。

> どちらをたずねてもよい。

A : I'll go to 〔 North / East 〕 Town this weekend.
　　 What railway can I use ?

> 2種類あることを伝える。

B : You can use (　　　 Railway) or (　　　 Railway).

A : Which is 〔 faster / cheaper 〕,
　　 (　　　 Railway) or (　　　 Railway) ?

> まずはAの質問に答えるが，「速さ」を回答したのなら「安さ」を，「安さ」を回答したのなら「速さ」を，付け加えて説明する。

> どちらをたずねてもよい。

B : (　　　 Railway) is.
　　 But (　　　 Railway) is 〔 cheaper / faster 〕 than (　　　 Railway).

A : So I'll use (　　　 Railway).
　　 〔 Time / Money 〕 comes first.

> あなたの価値観で選ぶ。

B : I see. Have a nice trip.

> 友だちはどちらの方を優先する人が多いのか，枠に名前を書いていきながら比べてみましょう。

速さを優先した人					
安さを優先した人					

Training 69 家電量販店でノートパソコンを販売しよう！
言語材料：比較（最上級の基本）

●家電量販店へノートパソコンを買いに行きます。客は自分が優先したい条件（特徴）を言いますが，店員はその中でも高価な商品をすすめます。さて，店員は思惑通りの接客ができるかな。

表は特徴の順位を示しています。色の枠には, black, white, silver を, 価格の枠には, $1,000, $800, $500を1つずつ入れましょう。

特徴	色			
壊れにくさ・頑丈さ　　strong (⇔ weak)		1	3	2
スペックの新しさ　　　new (⇔ old)		2	1	3
軽量・持ち運びのよさ　light (⇔ heavy)		3	2	1
	価格	$	$	$

Clerk : May I help you ?

Customer : Yes, please.

I want a (　　) and (　　) laptop.

優先したい条件を2つ言う。

Clerk : The (色) one is (the 　　est).

And the (色) one is (the 　　est).

2つの条件で1番の物を言う。

Customer : So I'll take the (色) one or the (色) one.

But I can't decide.

店員がすすめる2つで迷う。

Clerk :
【まだ比較していない観点で売りたい方をアピールする】

The (色) one is (　　er) than the (色) one.

【売りたい方と違う方の欠点を言う】

The (色) one is (the 　　est) of the three.

店員のすすめる方を購入する。

どちらかを言って，高い方をすすめる。

Customer : I see. I'll take the (色) one.

Clerk : Thank you. It's (値段) dollars.

売り上げを記録しましょう。

客の名前					総売り上げ
売り上げ　$	$	$	$	$	$

Class　　　No.　　　Name

Training **70**　あなたにとって大切なものは何？
言語材料：比較（more, the most）

●友情・健康・富・学力（知識）の４つを比較し，あなたが生きていく上で重要だと思う順に
順位をつけましょう。また，友だちはどうなのか，意見交換してみましょう。

比較項目	順位
friendship	
health	
money	
knowledge	

あなたが大切だと思う順に番号
をつけてみましょう。

お互いが最も大切
だと思うものから
話題にする。

A : I think (　　　　) is the most important of the four.
　　What do you think ?

B :
【同じ意見なら】I think so, too. / I agree (with you).
【違う意見なら】I think (　　　　) is the most important.

これ以降は，ＡＢ関係な
く以下のやり取りを互い
に続けていけば，最終的
に順位がわかる。

これで，お互いが最も大切だと
思うものを知ることができる。

A : Which is more important for you, (　　　) or (　　　) ?
B : (　　　) is more important than (　　　).

A :
【同じ意見なら】I think so, too. / I agree (with you).
【違う意見なら】I think (　　　) is more important than (　　　).

	あなた	話し相手			
friendship					
health					
money					
knowledge					

友だちの意見を記録しな
がら，あなたの意見と比
べたり統計をとったりし
てみましょう。

Training	**71**	友だちはどんな順位をつけるかな？

言語材料：比較（better，the best）

●スポーツ・教科・テレビ番組・音楽などのジャンルの中から，友だちに聞いてみようと思う
　好きな順番を３つ考え，友だちのつけた順位を調べてみましょう。

比較するもの１	比較するもの２

インタビューする３つの選択
肢を用意しましょう。ジャン
ルの異なったもので，できれ
ば２種類考えてみましょう。

A : You have three choices.
　　(　　　　), (　　　　) and (　　　　).

B : (　　　　), (　　　　) and (　　　　).
　　OK.

相手が言った選択肢を
くり返して確認する。

A : Which do you like the best of the three ?
B : I like (　　　　) the best.

残りの２つを比較して，２
番目と３番目を確認する。

A : Which do you like better, (　　　　) or (　　　　)?
B : I like (　　　　) better.
A : I see. Thank you.

「１」「２」「３」の順位を
記入し，インタビュー結果
を記録していきましょう。

話し相手										
１・２どちらを話題にしたか（○で囲む）		1	2	1	2	1	2	1	2	1	2
1		**2**									

Class　　　No.　　　Name

Training 72 同じくらいだから選べないよ
言語材料：比較（as ～ as ...）

●表の中から自分が一番好きな物を2つずつ選びましょう。友だちとそれを話題にやり取りしながら，どれとどれが同じくらい好きなのか，お互いのことを知りましょう。

> 同じくらい好きな物を，それぞれの項目から2つずつ選び，○をつけましょう。

ice cream	free time
vanilla	reading books
strawberry	playing games
chocolate	watching TV
mint	browsing the Internet

> どちらを聞いてもよい。

A : { What kind of ice cream do you like ?
　　　 What do you like to do in your free time at home ?

B : I like (　　　　).

> 2つ選んだうちのどちらか一方を答える。「free time」については，動名詞と不定詞のいずれを使ってもよい。

> Aは，Bがもう1つ同じくらい好きとして選んだ物を予想してたずねる。

A : How about (Bが答えたのとは別の物)?

B : { 【同じくらい好むなら】
　　　 It's as delicious (interesting) as (あなたが最初に答えた物).
　　　 【そこまででないなら】
　　　 It's not as delicious (interesting) as (あなたが最初に答えた物).

> あなたがAの時，2つ目の質問で予想が的中していれば2点。違っていれば1点。

話し相手					合　計
得　点					

Training 73

あ，その願望，私と同じだね！
言語材料：比較（as ～ as ...）

●会いたい有名人，行ってみたい場所，お金があったら買いたい物など，思いつく限り挙げて
みましょう。同じ気持ちの友だちはどれくらいいるかな。

	meet a famous person	go on a trip	get a lot of money

右の表からどれを
話題にしてもよい。

最大6つまで
挙げましょう。

A : I want [to 　　　　　　　　　] .

B : {
Who do you want to meet ?
Where do you want to go ?
What do you want to buy ?
}

会話をして，同じもの
が両者のリストに入っ
ていたら，○で囲んで
いきましょう。

A : I want to 〔 meet / go to / buy 〕（1つ選ぶ）.

B : {
【自分のリストに入っていたら】

I want to {
meet 〔 him / her / them 〕
go there
buy it
} as much as you (do).

And I want to 〔 meet / go to / buy 〕(別の物を選ぶ), too.

【自分のリストに入っていなければ】

I don't want to {
meet 〔 him / her / them 〕
go there
buy it
} as much as you (do).

I want to 〔 meet / go to / buy 〕(別の物を選ぶ).
}

A : {
【自分のリストにあり】 I totally agree.「激しく同意。」

【自分のリストになし】 {
Sounds good.「それもいいね。」
No way.「それはない。」
}
}

上の表で，○を
囲んだ数が得点。

得点

Chapter **4**

中学３年の
ダイアローグ・
トレーニング

Training **74** その土地名産のお菓子を味わおう！
言語材料：受け身

●友だちにお土産のお菓子（cake）をすすめます。食べた友だちは，その原材料をたずね，
　さらにその原材料からどこ（日本国内）で売られているものかを推測して言い当てましょう。

cake	(イラスト)		
原材料	（例）potatoes		
場　所	（例）Hokkaido		

例にならって，架空のケーキの絵・原材料（英語）・都道府県名を書きましょう。必ずその土地の特産物となる原材料にしてください。

A : Please have some cake.

B : Oh! It's delicious.

A : I went traveling last week and bought it.

B : What is it made from ?

A : It's made from (原材料).

B : Is it sold in (都道府県名) ?

原材料から予測して，都道府県名を言い当てる。

A : $\left\{ \begin{array}{l} \text{Yes, it is.} \\ \text{No, it's not. It's sold in (都道府県名).} \end{array} \right.$

最後の質問で，
Bが正解すれば両者に2点，
正解しなければ両者に1点。

話し相手						合　計
得　Aの時						
点　Bの時						

Class　　　No.　　　Name

Training 75　外国人に日本の物を説明しよう！
言語材料：受け身

●外国人をお客様として自宅に招きます。外国人はリビングで目にしたある物に興味を持ちます。指している物がどれのことを言っているのか推測し，それを英語で説明しましょう。

話題の物	似ている物	使われる場面 when (we) ...など
furin		
shamoji		
fude		
sensu		
furoshiki		
hibachi		

似ている物はあなたがBの時，使われる場面はAの時に用いるためのものです。

それぞれの物がどんな物に似ているか，そしてそれはどんな時に使われるかを，どちらも英語でメモしておきましょう。

A : Please make yourself at home.

B : Thank you.
　　Oh, what's that ?
　　It's not seen in my country.
　　It looks like (似ている物).

A : It is used when (どんな時に使うか).

似ている物から，Bがどれを指しているのか推測して会話を進める。

B : What is it called ?

A : It's called (日本の呼び名).

B : {【あなたが指している物と一致すれば】 I see.　Thank you.
　　　 【あなたが指している物と違えば】 Maybe you're misunderstanding.

話し相手						合　計
得　Aの時						
点　Bの時						

指している物が一致すれば両者に2点，一致しなければ両者に1点。

Training **76** そろそろ新しいのを買いたいんだけど
言語材料：現在完了形（継続用法）

● Aは，自分の持ち物を新しく買い換えたいと言います。Bは自分が使っている同じ物とAの
それとの使用年数を比較して，Aの気持ちは妥当なのかぜい沢なのかを判断しましょう。

話題にする物	使っている年数	
	for	years
	for	years
	for	years

例	bike　　pencil case　　bed schoolbag　　smartphone umbrella　　computer

話題にする物を３つ程度選び，使用年数を書き入れましょう。思いつかなければ，下の例も参考にして，できるだけ話し相手も持っている物を話題に会話をすすめましょう。

いずれか１つを話題にする。

A : I want a new (　　　　　). どちらを言ってもよい。

It's very old. / I found a nice one.

B : Oh, you want to buy a (　　　　)? 相手の言ったことを確認する。

How long have you used it ?

A : I have used it for (期間).

相手の買いたい気持ちに納得する。

【自分よりも長く使っていたら】

I see. I have used my (　　　　) for (期間).

【自分の方が長く使っていたら】

B : That's too soon. I have used my (　　　　　) for (期間).

【同じ年数なら】 Me, too.

【持っていなければ】 I don't have a (　　　　　).

あなたがAの時，相手に納得してもらえたら２点，それ以外の反応なら１点。

話し相手					合　計
得　点					

Class　　　No.　　　Name

Training 77　あなたのその熱意はいつから？
言語材料：現在完了形（継続用法）

●友だちが熱中していること（趣味や部活動，習い事など）を話題にして，その気持ちがいつ
　から続いているのかを確認してみましょう。

> パターン①②のどちらを用いても
> かまいません。相手や話題に
> 応じて使い分けましょう。

【パターン①…相手の好きな物を話題にする】

A : Hi, I know you are a fan of (相手の好きな物).

B : { Yes, I am.
{ No, I'm not.

> Bが「Yes」なら先に進み，
> 「No」なら話題を変える。

A : When did you become a fan ?

B : I became a fan 〔 when I was (年齢) / (期間) ago 〕.

A : So you have been a fan for (期間).

> 相手の話した内容
> から計算する。

B : That's right.

【パターン②…相手がやっているスポーツ・楽器などを話題にする】

A : Hi, I know you play (　　　).

B : { Yes, I do.
{ No, I don't.

> Bが「Yes」なら先に進み，
> 「No」なら話題を変える。

A : When did you begin to play it ?

B : I began to play it 〔 when I was (年齢) / (期間) ago 〕.

A : So you have played (　　　) for (期間).

> 友だちが熱中している内容や年
> 数で，印象に残ったことを現在
> 完了形の文で表してみましょう。

B : That's right.

> 相手の話した内容
> から計算する。

Training 78 「それうらやましいな」「それダメじゃん」
言語材料：現在完了形（経験用法）

● 「私は経験ないけど」あるいは「君，したことあるでしょ」という話題から，友だちがそれ
を経験した回数を調べましょう。何度もあることよりもむしろ，レアな話題を探しましょう。

> どちらか選んで話
> を切り出す。

A : I have never 〜. / I think you have 〜 before.

① Have you ever been to (　　　) ?

② Have you ever seen (　　　) ?

③ Have you ever brought a smartphone to school ?

④ Have you ever eaten candy at school ?

⑤ Have you ever slept in class ?

> 話の切り出しと
> つながりがある
> ものを続ける。

B : Yes, I have.
　　No, I haven't.

> 「Yes」なら次の質問をし，
> 「No」なら話題を変える。

A : How many times have you

〔① been there / ② seen it / ③ brought it / ④ eaten it / ⑤ slept 〕?

B : I have 〔 been there / seen it / brought it / eaten it / slept 〕(回数).

> 6回以上なら
> 「many times」。

A : I see.
　　Great!
　　I don't believe that.
　　You shouldn't do that.

> 感想を言う。

> 相手の答えた回数が，「1〜5回」なら，
> その分を加算して数字を消していきましょう。
> ただし6回以上 (many times) は無効となります。

得点表	1	2	3	4	5	6	7
	8	9	10	11	12	13	14
	15	16	17	18	19	20	Goal

Class　　　No.　　　Name

Training 79　この映画，観たことある？
言語材料：現在完了形（経験用法）

●友だちと映画館に行きます。2人とも観たことのない映画ならそれを観ることになりますが，
どちらか一方が観たことがあれば映画は取りやめになります。2人は観ることができるかな。

> 6つのタイトルのうち，自分が観たことがあるとするものを
> 3つ，ないとするものを3つ選んで○で囲みましょう。
> ただし，同じジャンルから3つは選べません。

COMEDY			SCIENCE FICTION		
My Friend	Money Game	Young People	Green Planet	The Rocket	Space Magic
ある・ない	ある・ない	ある・ない	ある・ない	ある・ない	ある・ない

A : I haven't seen a movie for a long time.

I like movies, especially 〔 comedy / science fiction 〕.

> 観たことがない映画が2つ
> ある方のジャンルを言う。

How about you ?

B : Me, too. / Not so bad.

A : Have you ever seen (提案①) ?

【提案①をBが観たことのある場合】

　　B : Yes, I have.

　　A : How about (提案②) ?

【提案②もBが観たことのある場合】

　　B : Sorry, I have seen it before.

> 不成立。映画は観
> ないことになる。

　　A : So maybe some other time.

【提案①②いずれかをBも観たことがない場合】

　　B : No, I haven't.

　　A : I have never seen it, either.

　　B : Let's go and see it.

> 映画を観る話が
> 成立すれば両者に2点，
> 成立しなければ両者に1点。

　　A : Yes, let's.

> 成立。映画を観
> ることになる。

話し相手						合計
得　点						

Training 80　午後８時，友だちに電話をしてみたら…
言語材料：現在完了形（完了用法）

●学校から帰宅し，午後８時です。今，友だちはどんなことをしているのでしょうか。電話をしてさぐってみましょう。

状況	すでに終えたこと	現在８時00分真っ最中	まだ終えていないこと
時間	① ７：00〜７：30	② ７：45〜８：15	③ ８：30〜９：00
行動			

日常生活に一番近い行動を dinner，bath，homework から１つずつ選び，各時間帯に記入しましょう。

A：Hello.

B：Hello.

A：What are you doing now ?

B：I'm (having dinner / taking a bath / doing my homework).

A：Have you (had dinner / taken a bath /

　　　　　　　　　　　done your homework) yet ?

B：{ Yes, I have.
　　　No, I haven't. (No, not yet.) } How about you ?

Bが今やっていること以外。

あなたのことを話す。　　聞き返す。

A：I'm (〜 ing　　　　　) (今やっていることを言う。)
　　I have (already　　　　). (すでにしてしまったことを言う。)
　　But I haven't (　　　　　) yet. (まだしていないことを言う。)

B：{ 【同じなら】 Me, too.
　　　【違うなら】 I see.

話し相手の行動の様子を①②③で記録していき，友だちの様子を調べましょう。

話し相手				
dinner				
bath				
homework				

Class　　　No.　　　Name

Training 81　昼食はすませた？午後はゆっくりできるの？
言語材料：現在完了形（完了用法）

●友だちと待ち合わせ場所で会います。その時点で友だちは昼食をすませてあるのか，宿題は終わらせてある（午後ゆっくりできる）のかを確認し，今から行動する提案をしましょう。

B has already finished 〔 his / her 〕 homework.	
○	午後ゆっくりできるので買い物と映画両方に誘う。
×	早めに帰宅することを配慮し，買い物だけ誘う。

B has already had lunch.	
○	すぐに行動に移る。
×	まずは昼食に誘う。

話し相手が昼食と宿題をすませてあるかどうかによって，上の表のように行動を提案しましょう。

A : Sorry, I'm late. I was doing my homework.

B : That's OK.

A : Have you finished your homework yet ?

B : { Yes, I have. / No, I haven't.

Bは会話ごとに返答を変えてもよい。

A : Have you had lunch yet ?

B : { Yes, I have. / No, I haven't.

Bは会話ごとに返答を変えてもよい。

A : So { we can enjoy this afternoon. / you have to go home early.

Bが宿題と昼食をすませているかどうかによって，今からの行動の提案をする。

Let's (eat lunch and) { go shopping and see the movie. / go shopping .

Aが間違えていたら指摘する。

B : { That's a good idea. / I don't think that's a good idea. { I have already 〜. / I haven't 〜 yet.

あなたがAの時，スラスラ言えたら◎，つまりながら言えたら○，言えなかったら△。

話し相手				
自己評価				

Training 82 外国人に日本語を教えよう！
言語材料：主語＋ call ＋目的語＋補語

●自宅に外国人の友だちを招待します。その友だちは，あなたの家にある物をほめ，それを日本語で何と言うのかも教えてほしいと言います。日本語での呼び方を教えましょう。

A : Please come in. This is my room.

B : Thank you.
　　Wow ! This is very 〔 cool / pretty 〕. ← どちらかを使ってほめる。

　　We call it (英語名) in English. ← 必ず部屋にありそうな物を言う。
　　What do you call it in Japanese ?

相手が指した物を
日本語で言う。

A : We call it (日本語名) in Japanese.

B : So you call (英語名)(日本語名) in Japanese.

A : That's right.   再確認する。

B : Thank you.
　　I'll remember it.

活動後に先生がラッキーワードをいくつか発表するので，右にそのラッキーワードが書かれていれば得点となります。

話し相手	ほめられた物（英語で）	得点

Class　　　No.　　　Name

Training 83 教育相談で学校についての感想を言おう！
言語材料：主語＋ make ＋目的語＋補語

●留学先の学校で教育相談が行われます。あなたは自分が関心あるものについての他，学校
（生徒や教師）について良いと思うことと問題点の両方を挙げましょう。

良い点	
問題点	

学校の様子について答える際，それぞれどんなことを話すか，2文ずつメモしましょう。

Teacher : First, I'll ask you about yourself.
　　　　　 What do you like to do at school ?

どちらか合うと思う方を選ぶ。

Student : I like to (あなたがする好きなこと).

Teacher : So to (相手が言ったこと) makes you 〔 happy / excited 〕.

Student : Yes.

Teacher : Next, what do you think of this school ?

相手の話す内容に応じた反応をする。

Student :　 学校の様子についてメモしていた文を言う 　.

Teacher : That makes me 〔 happy / sad / angry / tired 〕.

生徒役の時，教師役の反応がどうであったか右にまとめましょう。どの反応にも名前が書けるように返答の内容も変えていきましょう。

反応	話し相手		
happy			
sad			
angry			
tired			

Training 84 ニューヨークの名所へ行くため待ち合わせ
言語材料：would like / would like to

●ニューヨークで友だちから名所観光に誘われます。待ち合わせの場所と時刻をしっかりと確認しましょう。

あなたがBの時，どの場所に誘われたらどの返答をするか，会話文中の①〜⑤から1つずつ選んで書きましょう。

ニューヨークの名所	返答
the Statue of Liberty	
Central Park	
Times Square	
One World Trade Center	
Yankee Stadium	

待ち合わせ場所	時刻
the hotel	10：00
the library	11：00
the museum	12：00

特に都合の良い場所と時刻を決め，1つずつ○で囲んでおきましょう。

A : Do you know (名所から1つ)？　どれかを選んで言う。

B : Yes. But I have never been there.

A : I want to go on Sunday.
　　Would you like to go together ?

B :
　① I'd love to.
　② That's a good idea.
　③ That sounds nice.
　④ No, thank you.
　⑤ Sorry, I'm busy.

あらかじめ各場所について準備してあった返答を言う。④⑤なら次へは進めない。

【Bの答えが①②③なら】

いずれかを1つずつ選んで言う。

A : How about outside the 〔 hotel / library / museum 〕
　　at 〔 10:00 / 11:00 / 12:00 〕?

B : Outside (場所) at (時刻).
　　I'll see you then.

A : OK. Goodbye.

くり返して確認する。不本意であっても提案を受け入れる。

あなたがAの時，相手が誘いに乗ってくれたら2点，ダメなら1点。

あなたがBの時，待ち合わせ場所と時刻が都合が良いなら2点，片方なら1点。両方都合が悪ければ0点。

話し相手						合計
得　Aの時						
点　Bの時						

Class　　No.　　Name

Training **85** ホテルにチェックインできるかな？
言語材料：would like / would like to

●旅行先で予約もないまま突然宿泊しなくてはいけなくなりました。あなたが希望する部屋の
タイプと宿泊日数に合った空室があるでしょうか。

空室状況		1泊	2泊	3泊
	single			
	double			
	twin			

Clerk の時の空室状況をあらかじめ決めておきます。○を6つ，×を3つ記入しましょう。

好きな名前をつけて言う。

Clerk：Welcome to (ホテル名) Hotel. Can I be of service ?

Guest：I'd like to check in. Do you have any spaces ?

Clerk：How many nights will you stay ?

Guest：(One / Two / Three) night(s).

Clerk：What kind of room would you like ?

Clerk は宿泊日数と部屋のタイプをたずねる。Guest は1つずつ選んで答える。

Guest：One (single / double / twin) room.

この場合は不成立で会話終了。

【客が×の部屋を選べば】

　Clerk：Unfortunately, There are no rooms today.

成立すれば3桁の部屋番号を伝える。

【客が○の部屋を選べば】

　Clerk：We have a space. Your room number is ☐ ☐ ☐ .
　　　　Here's your key. Enjoy your stay.

　Guest：Thank you.

会話の前に，あなたのラッキーナンバーを3つ決めておきましょう。チェックインが成立した時，部屋番号の中にラッキーナンバーが入っていた数だけ得点となります。

私のラッキーナンバー			話し相手					合計
			部屋番号					
			得　点					

Training 86　土曜日の午後をどう過ごそうか？
言語材料：助動詞 shall（Shall we 〜?）

●土曜日の午後，友だちと会うことになりました。相手の意思も確認しながら，お互いに計画を練っていきましょう。

各項目から，あなたが希望するものを１つずつ○で囲んでおきましょう。

何を観る	action	horror	anime
何を食べる	cake	pizza	sushi
何をする	tennis	soccer	bowling

A : Do you have any plans Saturday afternoon ?

B : No, not especially.

A : So let's meet up.

B : OK.　What shall we do ?

A : Why don't we { watch a video ?
　　　　　　　　　 go out to eat ?
　　　　　　　　　 play sports ?

どれか１つ選んで提案する。

B : That's a good idea.　　まずは受け入れる。

A : What do you want to 〔 see / eat / play 〕?

提案した内容に応じて動詞を選ぶ。

B : How about { 〔 action / horror / anime 〕?
　　　　　　　　〔 cake / pizza / sushi 〕?
　　　　　　　　〔 tennis / soccer / bowling 〕?

具体的に提案する。

A : { 【Bと一致していれば】 That sounds nice.
　　　【Bと好みが違えば】 Sorry.　I like (　　　　) better.

最初に○をつけたかどうかで返答を変える。

互いに同意すれば２点，同意しなければ１点。

話し相手					合　計
得　Aの時					
点　Bの時					

Class　　　No.　　　Name

Training **87** 好みの自転車を買いに行こう！
言語材料：助動詞 shall（Shall I ～?）

●自転車を買いに行きます。自分の好みの色や自転車のタイプについてお店の人とやり取りしながら，いい買い物ができるといいですね。

店員になる時，色とタイプによって値段をつけておきましょう。値段は $100, $150, $200, $250, $300, $350, $400, $500から1つずつ選びましょう。

タイプ ＼ 色	white	yellow	black	navy
comfortable	$	$	$	$
sporty	$	$	$	$

　　Clerk : Hello. Do you need my help ?

Customer : Yes, please. I want a new bike.

　　Clerk : Which color do you like ?

Customer : I like 〔 dark / light 〕 colors.　　色の好みを言う。

　　Clerk : { How about this 〔 white / yellow 〕 one ?
　　　　　　{ How about this 〔 black / navy 〕 one ?　　客の好みに応じた色をどちらかすすめる。

すすめられた色を受け入れる。　　好きなタイプを言う。

Customer : It's OK. But I want more 〔 comfortable / sporty 〕 one.

　　Clerk : Shall I bring you 〔 comfortable / sporty 〕 one ?

Customer : { Yes, please. Oh, I like it !
　　　　　　{ How much is it ?　　決めておいた値段を言う。

最初の所持金は $900。店の時は「＋$」に書き入れ，客の時は「－$」に書き入れながら，毎回残金を計算しましょう。

　　Clerk : It's (　　　　) dollars.

Customer : OK. I'll take it.

話し相手							
増　減	＋$	－$	＋$	－$	＋$	－$	残　金
所持金 $900	$	$	$	$	$	$	$

Training 88 外国人留学生と親睦を深めよう！
言語材料：疑問詞＋ to 不定詞（how to）

●私たちの学校にやって来た外国人留学生と親睦を深めることになり，ニュースポーツの大会
を計画します。ただし，その留学生が知っている種目と場所を提案するようにしましょう。

大会の場所を先生が言うので書き入れましょう。また，留学生役の時，知っているものを種目と場所から１つずつ選んで○で囲みましょう。

種目	squash	場所	
	shuffleboard		

Japanese Student : Are you free this weekend ?

Exchange Student : Yes, I am.

種目と場所を提案する。

Japanese Student : So let's play 〔 squash / shuffleboard 〕 at (場所).

【種目か場所のいずれかがわからない場合】

知らない種目（場所）を言う。

Exchange Student : Sorry. I don't know
how to〔 play / go to 〕(　　　).

Japanese Student : Really ? How about 〔 playing / at 〕(　　　) ?

別の種目（場所）を提案する。

両方知らないことを言う。

【種目も場所もわからない場合】

Exchange Student : Sorry. I don't know how to play (　　　)
and how to go to (　　　).

Japanese Student : Really ? How about playing (　　　) at (　　　).

別の種目と場所を提案する。

【両方わかる場合】【再提案で決定した場合】

Exchange Student : That's a good idea.

Japanese Student : OK. See you then.

あなたが日本人学生の時，最初の提案が通れば３点，片方変更すれば２点，両方変更すれば１点。

話し相手						合　計
得　点						

Class　　　No.　　　Name

Training **89** プレゼントの相談にのろう！
言語材料：疑問詞＋to 不定詞（what to / where to）

●外国人の知人（A）から，プレゼントについての相談を受けます。プレゼントしたい人の趣味に応じてどんなものがいいか，この近くではどこで買えるかについて助言しましょう。

A : I want to buy a present for (　　　　　).
　　But I don't know what to buy.

> my friend in (　　　　) や, 家族など具体的な人物を言う。架空の人物でもよい。

B : I see.
　　What is he(she) interested in ?

A : He(She) is interested in (　　　　).

> 何か趣味を言う。

B : So how about (　　　　) ?

> その趣味に応じた具体的な品物を提案する。book や game などは具体性としては不足。

A : That's a good idea.
　　But I don't know where to get it.

B : You can get it at (　　　　).

> なるべく近くにある具体的な店舗名を言う。

A : Thank you.

評価項目	① 時間をかけすぎずにスムーズに対応できたか。
	② おすすめの品物は，趣味と一致していたか。
	③ 品物は具体的であったか。（game, book などは△）
	④ 買える場所は具体的であったか。（bookstore などは△）

> 上の評価項目で，できていたら○，できなかったら△を自分で評価してみましょう。

	話し相手					
評価項目	項目①					
	項目②					
	項目③					
	項目④					

Training 90 それなら，きっとあの子が助けてくれるよ！
言語材料：主語＋動詞＋目的語＋ to 不定詞

●友だちが大変忙しく疲れている様子です。心配して声をかけ，どんなことで忙しいのかをたずねます。その内容を聞き，それが得意な友だちを助っ人として紹介しましょう。

あなたがBの時，忙しくしている原因を３つ程度メモしておきましょう。

① I have to	.
② I have to	.
③ I have to	.

A : Oh, you look very tired.

　　Are you busy ?

B : Yes, I am.

どれか１つ選んで言う。

　　I have to (　　　　　　　　　　　　　).

　　I want someone to help me.

相手が忙しくしている理由を聞き，それが得意であったりそれに詳しい友だちを紹介する。３つのパターンのうち使いやすいものを，その時に言いたいことに応じて使い分ける。

A : I'm sorry, I can't.

　　However, (友だちの名前) { is good at (名詞・動名詞).
　　can (動詞).
　　knows a lot about (名詞).

B : Really ?

　　I'll ask 〔 him / her 〕 to help me.

各項目ごとに紹介してもらった友だちの名前を書いていきましょう。なるべく多くの枠をうめましょう。

紹介された友だち		
①		
②		
③		

Class　　　No.　　　Name

Training 91　電話でメッセージを受けよう！
言語材料：主語＋動詞＋目的語＋ to 不定詞

●電話をしましたが，話したい相手は残念ながら不在です。メッセージを伝えてもらいましょう。また，聞く側もしっかりとメッセージを理解しましょう。

A : Hello. This is (あなたの名前) .
　　　May I speak to (相手の名前), please ?

B : I'm sorry, 〔 he's / she's 〕 not here.　［Bは相手の家族の役をする。］
　　　Do you want me to tell 〔 him / her 〕 something ?

A : Yes, please.

B : OK. What is it ?

A : Please tell 〔 him / her 〕 to meet me at (場所).　［下のいずれかを選んで言う。］

B : What time ?

A : At (時刻) .　［下のいずれかを選んで言う。］

B : OK. (場所) at (時刻) .　［再確認する。］

A : Oh, that's right.　Thank you.

B : No problem.

［あなたがBの時，Aが伝えた伝言の内容で当てはまるものに○をつけていきましょう。なるべく多くの種類をチェックしていきましょう。］

PLACE	TIME	
the library	1:00	one
the museum	1:30	one thirty
the movie theatre	2:00	two
City Hall	2:30	two thirty
the station	3:00	three
the department store	3:30	three thirty

Training 92　アルバイトの時給はいくらになるかな？
言語材料：It ... for 〜 to −.

●飲食店でアルバイトをすることになり，店長（manager）と面接を行います。6種類の仕事内容のうち，自分の得意なものと苦手なものを言うと，あなたの時給が決定されます。

> あなたが店長の時に時給を決定するため，「easy」に「0」「＋3」「＋5」を2つずつ，「hard」に「0」「−2」「−4」を2つずつ，決めておきましょう。

jobs	easy	hard
take orders		
get the check		
clean up the table		
place the food		
wash the dishes		
bring the dishes		

Manager：What's your name ?

Worker：My name is (あなたの名前).

Manager：What shall I call you ?

Worker：Call me (あなたのニックネーム), please.

Manager：OK, (相手のニックネーム). These are your jobs.
Can you do all of them ?

> あなたの得意なことと苦手なことを1つずつ言う。

Worker：It's easy for me to (仕事内容から1つ選ぶ).
but it's〔 hard / difficult 〕
for me to (仕事内容から1つ選ぶ).

Manager：I get it. So your job pays (　　　) dollars per hour.

> 相手の得意と苦手に応じて時給を計算して言う。

Worker：{ 【8ドル以上なら】 Thank you ! That's enough !
{ 【7ドル以下なら】 I see ...

> 店長の時，アルバイトの時給をメモしたり計算したりするために利用しましょう。

アルバイト	時給の計算（基本給8ドル）		
	8 ＋(　　)−(　　)＝(　　) dollars		
	8 ＋(　　)−(　　)＝(　　) dollars		
	8 ＋(　　)−(　　)＝(　　) dollars		
	8 ＋(　　)−(　　)＝(　　) dollars		
	8 ＋(　　)−(　　)＝(　　) dollars		

> 時給の合計が得点になります。

店長の名前						合　計
時　給	$	$	$	$	$	$

Class　　　No.　　　Name

Training **93** その職業につくには，どんなことが必要？
言語材料：It ... for ～ to －.

●友だちとあなたのなりたい職業についてやり取りしましょう。なりたい職業を言う時は，必ず自分の適性について触れ，聞いた側の人は，その人にとって今何が重要か助言しましょう。

A : What do you want to be in the future ?

B : I want to be a (an) (なりたい職業).
　　It's 〔 fun / interesting 〕 for me to (　　　　　　　　).

> その職業に対する
> 自分の適性を言う。

A : Oh, really ?
　　So it's important for you to (　　　　　　　).

> その職業になるためには，どんな努力が重要であるかを助言する。

【「その通りだね。がんばるよ。」と言う場合】
　　B : Exactly. I'll do it.
　　A : Do your best.

> Aの助言に対し，Bはいずれかの感想を言う。

【「うん。今やってるよ。」と言う場合】
　　B : Yes. I'm doing it now.
　　A : Great !

【なぜなのか納得がいかない場合】
　　B : Why do you think so ?
　　A : Because (理由を言う).

●友だちの助言で特に納得したものを「It ... for ～ to －.」で書いてみましょう。

| |
| |
| |

Training 94 先生に班別自主活動の報告をしよう！
言語材料：間接疑問文

●修学旅行の２日目，班別自主活動が行われました。その日の夕刻，各班の班長は自分の班の
活動の内容を先生に報告しなくてはなりません。先生の質問にきちんと答えましょう。

| We went to the 〔 Japanese / Italian / Chinese 〕 restaurant and ate (　　　　　). |
| We went 〔 sightseeing / shopping / cycling 〕 and got to the hotel at (時刻). |
| |

> 行動をメモしておきましょう。食べた物やホテル到着時刻は，違和感のないように考えましょう。

Teacher : Did you enjoy today's schedule ?

Student : Yes, we did.

Teacher : Tell me ⬚ and ⬚.

> 囲みの中の語句のうち，２つ選んでたずねる。

where you went for lunch
what you ate
what you did
what time you got to the hotel

Student : We ⬚ and ⬚.

> 質問された２つのことについて答える。

【完璧に答えられたら】

　　Teacher : Good job.

　　Student : Thank you.

> 不足していた内容を問い直す。

【回答が不足していたら】

　　Teacher : I asked you ⬚.

　　Student : Sorry. We (　　　　　).

> 班長役の時，スラスラ言えたら◎，つまりながら言えたら○，回答不足なら△。

先生役の人					
自己評価					

Class   No.   Name

Training **95** デパートの案内係の人にたずねよう！
言語材料：間接疑問文

●デパートで買い物中，トイレに行きたくなりましたが見つかりません。そばにインフォメーションがあるので案内係の人（reception stuff）にたずねてみましょう。

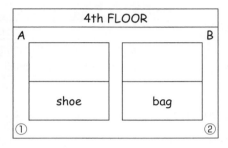

あなたが客役の時，A～Dのどの位置にいるか，現在地点を○で囲みましょう。

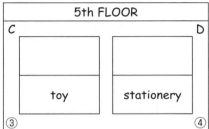

Customer : Excuse me. Can you tell me where the bathroom is ?

会話ごとにトイレの位置を①～④のどこか決め，どの売り場の近くなのかを説明する。

Reception Stuff : Sure. It's on the (fourth / fifth) floor.
Do you know where the (   ) department is ?

Customer : Yes, I do.   「(   ) department」＝「(   ) 売り場」

Reception Stuff : It's close to the (   ) department.

Customer : I see. Thank you.

Reception Stuff : You're welcome.

得点ルール	得点
同じフロアの近い方のトイレ	4
同じフロアの遠い方のトイレ	3
違うフロアの真上（下）にあるトイレ	2
違うフロアの対角にあるトイレ	1

ルールにしたがって得点を記入しましょう。

案内係の人					合　計
得　点					

Training 96 警察官が捜しているのはどんな人？
言語材料：現在分詞の後置修飾

●警察官は捜索している人物を見失ったため，通行人に見かけた人物の特徴を聴き取ります。
さて，警察官が捜している人物と通行人が見かけた人物の特徴は一致するでしょうか。

警察官が捜索している人物の特徴
a man carrying a big black bag
a man riding a motorcycle without a helmet
a man putting on a small backpack

> 自分が通行人の時，見かけたことにする人物の特徴を1つ選び，○をつけましょう。

Police Officer : Excuse me. I'm chasing a person.
　　　　　　　　　Did you see anyone around here ?

> 会話ごとに変えてよい。

Passerby : Yes. I saw a man 〈 carrying a big black bag.
　　　　　　　　　　　　　　　　riding a motorcycle without a helmet.
　　　　　　　　　　　　　　　　putting on a small backpack.

【警察官が捜している人物と特徴が一致すれば】

　　Police Officer : That's him. Where was he going ?
　　　　Passerby : Toward the 〔 station / hospital / bank / stadium 〕.
　　Police Officer : Thank you.
　　　　Passerby : No problem.

> 1つ選んで，向かって行った行き先を言う。

> 警察官は捜している人物の特徴を言い，通行人はそれをくり返す。

【特徴が一致しなければ】

　　Police Officer : Oh, I'm looking for the man (～ ing　　　　　).
　　　　Passerby : I didn't see the man (～ ing　　　　　).
　　Police Officer : OK. Thank you.
　　　　Passerby : I'm sorry.

> 通行人の見た人物と一致すれば，その行き先ごとに，教えてくれた友だちの名前を書きましょう。すべての施設に名前が入るかな。

station		hospital	
bank		**stadium**	

126

Class　　　No.　　　Name

Training 97 どんな素材がよいか，議論しよう！
言語材料：過去分詞の後置修飾

● 「○○製の（○○で作られた）□□」について，友だちと議論しましょう。あなたは必ず相手が言うのとは違う素材がよいと主張し，お互いにその特長についても意見交換しましょう。

物の例	材料	特長を表す形容詞	
table	glass	丈夫	strong / tough
door	paper	おしゃれ	cool / stylish
bench	wood	便利	useful
chair	stone	安価	cheep / reasonable
plate	metal	軽量	light

話題とする「物」は例なので，これ以外を使ってもかまいません。材料や特長は，選択して使いましょう。

A : I want a (物) made of (材料①).

まずAが自分の欲しい物とその素材（材料）を言う。

B : Why do you want it ?

A : Because it's (材料①の特長).

Bは，Aが話題にした物で別の材料がいいと主張する。

B : I think a (物) made of (材料②) is better.
　　Because it's (材料②の特長).

Aは自分の主張を曲げず，また別の特長を言う。

A : That's true.
　　But a (物) made of (材料①) is also (材料①の特長を追加).

B : ┌ 【納得なら】 I see.
　　└ 【納得できないなら】 Sorry. I don't understand.

相手が納得することをスラスラ言えたら◎，つまりながら言えたら〇，納得させられなかったら△。

話し相手					
Aの時					
Bの時					

Training 98 ナイトマーケットで買い物上手
言語材料：接触節・関係代名詞（目的格）

●タイに旅行しナイトマーケットに行きました。露店によって雑貨の値段が違い，交渉次第で値段が決まる（haggle と言う）こともあります。同じ物を買った友だちと購入価格を比べましょう。

3つの品物から購入価格を決めましょう。ただし，20bahts（バーツ）から60bahts までの価格設定で合計100bahts となるようにしましょう。誰に対してのお土産かは自由です。

買った物	key ring	coin purse	jewelry box
誰に？			
購入価格	bahts	bahts	bahts

会話ごとに先生がトピックを指定するので，それを話題にして会話を進める。

Teacher : Let's make your topic "(3つの物のうち1つ)".

A : What's this ?　指定された物

B : This is a (買った物) I bought for (誰のために).

A : Wow ! I bought a same (同じ物), too.
How much was it ?

B : It was (値段) bahts.

まず相手が買った物の値段をくり返してから，自分が買った物の値段を言う。

A : Oh, the (同じ物) you bought was (値段) bahts.
The (同じ物) I bought was (値段) bahts.

B : 【自分の方が安ければ】 It's a little expensive.
【自分の方が高ければ】 You're a good shopper.
【同じ値段なら】 Same !

自分が買った物の方が安ければ3点，高ければ1点，同じ値段なら2点。

話し相手					合　計
得　点					

Class	No.	Name

Training 99　サプライズプレゼントは気に入ってもらえる？
言語材料：接触節・関係代名詞（目的格）

●友だちにサプライズプレゼントとして，Ｔシャツもしくはキャップをプレゼントします。さて，友だちの好み通りの色を購入することができたでしょうか。

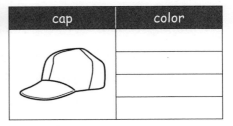

T-shirt	color

cap	color

> あらかじめ，もらったらうれしい色を4つずつ挙げましょう。

A : This is a present for you.

B : Thank you, but why ?

A : I went shopping yesterday.
　　And I found the 〔 T-shirt / cap 〕 you want.

> どちらかを選んで言う。

B : Do you know the 〔 T-shirt / cap 〕 I want ?

A : Yes, of course.
　　Its color is (相手の好きそうな色).

> 会話する相手ごとに考えて言う。

B : { 【まさに欲しい色なら】 Oh! Thank you ! I have wanted it.
　　　{ 【思っていた色と違えば】 Thank you. The (色)(物) is also good.

> 相手が欲しい色をプレゼントできたら2点，できなかったら1点。

> 好きな色の中から1つ選んで言う。

話し相手						合　計
得　点						

Training 100　あの先生って，どんな先生なの？
言語材料：関係代名詞（主格）who

●交換留学生に，学校生活に慣れたかたずねます。交換留学生は，学校生活には慣れたけど，先生がどんな人なのかわからないと質問してきました。どんな先生なのか説明しましょう。

Exchange Student：Hi, (相手の名前).

Japanese Student：Hi. Have you got to used to this school ?

Exchange Student：Yes. But I don't know much about the teachers.
　　　　　　　　　　Some of my friends say
　　　　　　　　　　〔 Mr. / Ms. 〕(先生の名前) is very 〔 kind / funny / scary 〕.

> 誰か先生を話題にする。

> いずれか１つ選んで言う。

Japanese Student：
　【同じ意見なら】 Yes. 〔 He / She 〕is very (相手と同じ内容).
　【違う意見なら】 I don't think so.
　　　　　　　　〔 He / She 〕 is actually (相手と違う内容).

> いずれか１つ選んで言う。

Exchange Student：What kind of teacher is 〔 he / she 〕?

Japanese Student：〔 He / She 〕 is 〔 a / an 〕 (教科) teacher

　　who
　　① likes ⬚ very much.
　　② can ⬚ .
　　③ is good at 名詞か動名詞 .
　　④ 動詞（助動詞）から始めて自由に .

Exchange Student：Oh, I see.

> どのパターンでも自由に言う。

> あなたが日本人学生の時，スラスラ言えたら◎，つまりながら言えたら〇，言えなかったら△。

話し相手				
自己評価				

Class　　No.　　Name

Training **101** その公園へ行くバスは何分後に出発？
言語材料：関係代名詞（主格）which

●バスロータリーで，その土地に詳しくないAが質問をします。質問されたBは，公園の特徴からどの公園に行きたがっているのかを理解し，バスの発車時刻を教えましょう。

現在の時刻は
1時30分。

それぞれの公園の特徴と発車時刻を下から選び，1つずつ入れておきましょう。

公園の名前	Moon Park	Sky Park	Blue park
公園の特徴			
発車時刻	：	：	：

特徴	tennis court	時刻	① 1：35
	beautiful pond		② 2：00
	famous monument		③ 2：15

A : Excuse me.

I'm looking for a park which has a (　　　　　　　). 　特徴を1つ選んで言う。

But I've forgot its name.

B : Oh, it's (　　　　Park). 　相手が言う特徴から公園名を教える。

A : (　　　　Park) ? 　くり返す。

Can I use a bus to go there ?

その公園へ行くバスの発車時刻を教える。

B : Yes, you can.

The bus which goes to (　　　　Park) will leave at (時刻).

A : { 【①ピッタリの時間なら】 Oh, the timing is perfect !

【②③待ち時間が長ければ】 Oh, I must wait for (30 / 45) minutes.

あなたがAの時，時間がピッタリなら3点，
待ち時間が30分なら2点，
待ち時間が45分なら1点。

待ち時間を選んで言う。

話し相手					合　　計
得　点					

Training 102　そろそろ休憩した方がいいよ
言語材料：現在完了進行形

●日本人留学生がホームステイ先で部屋から出てきません。心配したホストマザーが部屋の外から声をかけます。

	watching TV
	playing games
	using a smartphone
	studying
	reading books

日本人留学生が思わず時間を忘れて熱中しそうなことを右の5つから2つ選び，〇をつけましょう。

Host Mother：What have you been doing ?

Student from Japan：Nothing special.

相手が熱中しそうなことを予想してたずねる。

Host Mother：Maybe, you have been ［　　　　　　　　］ for three hours.

Student from Japan：Oh, that's not true.

Host Mother：Then, how long have you been ［　　　　　　　　］ ?

Student from Japan：I have been ［　　　　　　　　］
　　　　　　　　　　for 〔 one hour / two hours 〕.

〇をつけたものなら「2時間」，そうでないなら「1時間」と答える。

Host Mother：
【1時間なら】For one hour ?
　　　　　　　But don't do that too long.
【2時間なら】For two hours ?
　　　　　　　You had better take a break right now.

1時間なら軽く注意。

Student from Japan：I see.

2時間なら休憩をすすめる。

ホストマザー役の時，相手がしていることが2時間であれば2点，1時間なら1点。

話し相手						合　計
得　点						

Class　　　No.　　　Name

Training 103 朝からずっと何してるの？
言語材料：現在完了進行形

●正午近くになったので，昼食に誘うため友だちに電話をします。友だちはとても空腹なよう
ですが，いったい朝からどんなことをしているのでしょうか。

riding a bike	studying (　　　)
helping (　　　)	writing a report
doing my homework	practicing (　　　)

> 行動の例として6つを挙げますが，これ以外のことを言ってもかまいません。

A : Hello. This is (自分の名前).

B : Hello. What's up ?

A : It's almost noon. So let's go out for lunch.

B : That's a good idea. I'm so hungry.
　　I've been ☐ since this morning.

> 朝からずっとしていることを言う。

A : What time did you begin to ☐ ?

> 何時に始めたかをたずねる。ただし，動詞は原形。

B : Since 〔 7:00 / 8:00 / 9:00 / 10:00 / 11:00 〕.

> どれか選んで答える。

A : So you've been ☐ for (　　) hours.

> 計算して確認する。

B :
　【合っていれば】Right.
　【間違っていれば訂正する】
　　　No, I've been ☐ for (　　) hours.

A : Oh, That's 〔 tough / hard 〕.

> どの行動を何時間続けているのか，会話終了後に○をつけていく。
> 縦・横・斜めに，○が2つながれば2点，3つながれば3点。

for ○ hour(s)	1	2	3	4	5
riding a bike					
helping (　　)					
doing my homework					
studying (　　)					
writing a report					
practicing (　　)					
others					

得点 ☐

133

Training **104** すごい！抽選で旅行券が当たった！
言語材料：仮定法 if

●2人のうち1人（A）が抽選で旅行券を当てました。どこに行こうか考える中で，もう1人
　（B）の人もその金額に応じて，自分なら…と考えを言いましょう。

あなたがAの時，海外旅行と国内旅行それぞれ，2つの候補地で迷っていることにします。その候補地を決めておきましょう。

￥1,000,000
a trip abroad

￥100,000
a local trip

A：Hey！ I won a travel ticket.

B：Lucky you！ How much did you win？

A：I won〔1,000,000 / 100,000〕yen.

いずれかの金額を言う。

金額に合わせて海外か国内のいずれかを話題にする。

B：So you can go on〔a trip abroad / a local trip〕.

A：Right． But I can't choose between（場所1）and（場所2）.

B：If I were you, I would choose（場所）.

2つの候補地を言う。

A：Why？

相手が迷う2つのうち，自分のすすめる方を言う。

B：Because ⎧ we can（　　　　）there.
　　　　　　⎨ it has（　　　　）.
　　　　　　⎩ it's（　　　　）.

いずれかの文で，その場所のよさを言う。

A：Exactly． ⎧ I can（　　　　）in（その場所）.
　　　　　　⎨（その場所）has（　　　　）.
　　　　　　⎩（その場所）is（　　　　）.

相手の考えに納得し，同じ内容をくり返す。

スラスラ言えたら◎，
つまりながら言えたら○，
言えなかったら△。

話し相手				
評価 Aの時				
価 Bの時				

Class　　　No.　　　Name

Training 105　もし現実がこうであればなあ…
言語材料：仮定法 if / I wish

●もし，自分にもっと時間やお金があればどんなことを望みますか。時間やお金に限らず，現実がこうであればと思うことをお互いにやり取りしてみましょう。

If I〔were / had〕　　　　　　　　, I would 　　　　　　　　　　.

「自分がこうであれば，こんなことをするのに。」という願望をあらかじめメモしておきましょう。

A：I wish
- I had more time.
- I had (　　　　　).
- I were rich.
- I were a (　　　　).

上にメモした内容を，いずれかの文を使って話を切り出す。

B：Really ?

If you〔had / were〕(　　　　　), what would you do ?

相手の内容をくり返し，その理由をたずねる。

A：If I〔had / were〕(　　　　), I would 　　　　　　.

B：
- 【共感・納得】I know how you feel.
- 【共感し難い】I don't get it. / I don't understand.

A：How about you ?

自分の気持ちに応じて感想を言う。

B：I wish …

ここからはＡＢ逆にして最初にもどる。

共感できたか（されたか）どうかで，○・△を記入していきましょう。

話し相手				
相手が共感				
相手に共感				

【著者紹介】

杣田　淳司（そまだ　あつし）

関西学院大学文学部哲学科卒業。三重大学教育学部附属中学校
文部教官教諭，三重県公立中学校教諭として英語科を担当し，
令和元年度より名張市教育委員会事務局・名張市教育センター
の研修員として勤務する。令和2年度より三重県名張市立桔梗
が丘中学校主幹教諭。また，28年間中学校のバスケットボール
部顧問を務め，その間指導したチームが県大会上位に多数入賞
し，現在，三重県選抜U-14女子チームのコーチを務める。公
立中学校3校にわたって生徒指導主事を担当する中で，安心・
安全な学校の実現のために，教科指導力と部活動指導力の両面
での重要性を再認識する。授業も部活動も「目的を持たせた反
復練習」と「適切な負荷・成功体験・競争意識を感じる場面設
定」を軸にしながら，その時ごとに目の前の子どもたちにより
効果的な指導法を日々試行錯誤中。

［ダイアローグ作成協力者］James McGee, Jacob Lee

〔本文イラスト〕　木村　美穂

授業をグーンと楽しくする英語教材シリーズ45

文法&スピーキングの基礎力をつける！
英語ダイアローグ・トレーニング105

2020年6月初版第1刷刊　©著　者　杣　田　淳　司
2021年11月初版第2刷刊　　発行者　藤　原　光　政
　　　　　　　　　　　　　発行所　明治図書出版株式会社
　　　　　　　　　　　　　　　http://www.meijitosho.co.jp
　　　　　　　　　　　　　　（企画）木山麻衣子（校正）有海有理
　　　　　　　　　　　　　〒114-0023　東京都北区滝野川7-46-1
　　　　　　　　　　　　　振替00160-5-151318　電話03(5907)6702
　　　　　　　　　　　　　　　　ご注文窓口　電話03(5907)6668
＊検印省略　　　　　　　組版所　藤　原　印　刷　株　式　会　社

Printed in Japan　　　　　　　ISBN978-4-18-346029-5
もれなくクーポンがもらえる！読者アンケートはこちらから

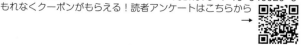